# FLYING HIGH

Weihnachten 2005

Von Deinen lieben

Patenkindern

+ Adrian

# DIE WELT

## FLYING HIGH

White Star

Frederking & Thaler

FLYING HIGH DIE WELT

**TEXT**

Enrico Lavagno

**ÜBERSETZUNG**

Walter Spiegl

**PROJEKTLEITUNG**

Valeria Manferto De Fabianis

**REDAKTIONELLE KOORDINATION**

Giada Francia
Laura Accomazzo
Marcello Libra

**LAYOUT**

Paola Piacco

**Ein Buch der Partner Frederking & Thaler und White Star**
Rechte der Originalausgabe:
Originaltitel: The World

Lektorat, Herstellung und Satz: VerlagsService Dr. Helmut Neuberger & Karl Schaumann GmbH, Heimstetten

Printed in China

ISBN 3-89405-532-4



**1**

Ein Floß auf dem Manzalasee in Ägypten.

**2–3**

Die Windungen dieses Flusses im Franklin County, Maine (USA), bilden ein riesiges Feuchtgebiet.

# Inhalt


| | | |
|---|---|---|
| EINFÜHRUNG | Seite | 16 |
| MEERESWELTEN | Seite | 32 |
| TIEFLAND | Seite | 144 |
| BERGWELTEN | Seite | 204 |
| GRÜNE LUNGEN DER WELT | Seite | 272 |
| KREISLAUF DES WASSERS | Seite | 322 |
| WELTEN DER STILLE | Seite | 398 |
| WELT DES MENSCHEN | Seite | 454 |
| RUINENWELTEN | Seite | 568 |


**4–5**
Landschaft in der Toskana.

**6–7**
Die Kolossalstatuen am Tempel von Ramses II. in Abu Simbel, Ägypten.

**8**
Die netzartige Bucht von Mataiva in Polynesien.

**9**
Reisfelder auf Bali in Indonesien.

**10**
Der Tempel Wat Phra That Doi Suthep in Chiang Mai, Thailand.

**11**
Der Markusplatz in Venedig.

**12–13**
Dünenlandschaft in der Sahara auf dem Gebiet von Libyien.

**14–15**
Die Nordeisrinne (Cima Tosa) in den Dolomiten.

FLYING HIGH DIE WELT

FLYING HIGH DIE WELT

# Einführung

Um die Welt zu verstehen, muss man wissen, was die zwei auf sie einwirkenden Kräfte – der Mensch und die Natur – bedeuten. Schon das lateinische Wort »mundus«, das auf den griechischen Begriff »kosmos« für »Welt« folgte, beinhaltet auch »Ordnung« und meint damit nicht nur die Welt als solche, sondern auch das Ergebnis des Zusammenspiels von Mensch und Natur. Unser Planet entspricht dem Bild, das wir mit unseren Wahrnehmungen, Erfahrungen und Vorstellungen von ihm erzeugen. Die Welt vermag auch das zu sein, was wir uns wünschen.

Wenn der Nachwuchs vieler höher entwickelter Lebewesen seine Mutter anblickt, entsteht eine zarte Bindung, ein Gefühl der Zusammengehörigkeit und des gemeinsamen Verstehens. Ein instinktives



Satellitenaufnahme Ostasiens und des Pazifiks.

# Einführung

Verstehen, basierend auf unbekannten Verhaltensweisen, derer sich die Natur bedient, um das Universum als eine Art Raster über die uns vertrauten Grundlagen zu legen. Einer von mehreren chinesischen Kosmogonien zufolge entsprang der Mensch der Vereinigung des Himmels, des maskulinen Archetypus, mit der weiblichen Erde. Katalysator dieser Verbindung war das Wasser, genauer gesagt das sterile, neutrale Regenwasser. Diese drei Elemente ergaben zusammen, wie es in vielen traditionellen Überlieferungen heißt, den Schlamm. Der Mensch ist also ein Wesen der Erde, ein Kind des Lehms. Als solches hatten wir seit Jahrtausenden davon geträumt, fliegen zu können. Solange bis uns der weite Sprung gelang und wir uns mit Flügeln versahen, um auf die Schultern des Himmels hinaufzusteigen. Von diesem Aussichtspunkt aus konnten wir endlich der Schöpfung ins Angesicht sehen, sie erkennen, sie studieren und ihre Ausdrucksformen, vor allem aber ihre Launen, verstehen lernen.

# Einführung

Den Forschern, die das »Unsichtbare« unseres Planeten Erde beschrieben haben, mangelte es oft an der Vogelperspektive. Von oben sieht die Welt ganz anders aus, viel größer und zugleich auch kleiner. Aus der Höhe betrachtet offenbaren sich verschiedene Charakteristika, die großen Einfluß auf das Leben auf dem Boden ausüben. Künstliche Begrenzungen weichen geophysikalischen oder umweltbedingten, ausschließlich bestimmt vom Lauf der Flüsse und Bergkämme, von der Ausdehnung und dem Zusammenwirken von Wäldern und unfruchtbaren Einöden, von der unaufhaltsamen Meeresströmung und den Bewegungen der Sanddünen.

Die Grenzen verschwimmen und lösen sich auf. Vom Himmel herab erscheint jede Reise möglich, jede Entfernung überwindbar. Wenn die Reisenden der Vergangenheit mit dem Blick von oben ihre Routen besser hätten einschätzen können, hätten sie ungefährlicher reisen, verborgene Wunder wie den »donnernden Rauch« der Vikto-

# Einführung

riafälle entdecken und verführerische Utopien wie das Eldorado ins Reich der Träume verweisen können. Die drastische Verschiebung der Proportionen erweitert unsere räumliche Wahrnehmung und unsere emotionalen Reaktionen. Bisweilen können die dabei entstehenden Gefühle beunruhigend sein.

Die Meere und Ozeane machen sich auf tausend verschiedene Weisen bemerkbar. Die Farben einer Lagune bei Ebbe und des Wassers eines Korallenriffs sind oft mit so viel natürlicher Energie angefüllt, als wollten sie den Blick des Menschen blenden und sich der Beobachtung entziehen: Das intensive Türkis vieler Meere – gepriesen bis zu dem Punkt, an dem es sich angesichts der Wirklichkeit selbst auslöscht – lässt sich vom Himmel herab kaum beschreiben. Die Anwesenheit kleiner oder großer Schiffe ist vorhersehbar, löst aber immer wieder Erstaunen aus, wenn man ihre Größe mit den Dimensionen der unsichtbaren Tiefe vergleicht.

# Einführung

Flüsse wie der Amazonas, der Nil oder der Colorado verändern von oben betrachtet ihr Gesicht. Erkundet man sie mit dem Schiff, sind sie unergründlich und geheimnisvoll. Aus der Luft hingegen ähneln sie horizontal wuchernden Bäumen. Die Nebenflüsse erscheinen wie verschiedenfarbige Äste vor dem Hintergrund der Wälder oder Wüsten; manchmal winden sie sich auch wie Riesenschlangen zwischen kahlen Bergen und begrünten Ebenen.
Im Gegensatz dazu wirken Bergriesen wie der K2 erheblich eindrucksvoller, wenn man sie vom Boden aus am bescheidenen Maßstab unserer eigenen Größe misst. Am Fuß des Annapurna zum Beispiel kann man das Gebirge in seiner Gesamtheit erfassen, bis auf den Berg selbst, der zu hoch ist und zu weit entfernt. Das Dorf Tatopani im Tal westlich des Gipfels liegt im tiefsten Becken der Welt (über 7000 Meter). Aber es ist unmöglich, dies wahrzunehmen, denn der Blick erfasst nicht einmal ein Drittel der Bergflanke.

# Einführung

Andererseits fliegt das Auge in dieser Höhe über die zarten Konturen der Erde bis an den Rand des Horizonts. Die Täler verschlucken den Blick, in den Rinnen, die sie bilden, gleitet er dahin wie fließendes Wasser zum tiefen Blau, hinter dem praktisch unsichtbar die Menschen leben.

Die Landwirtschaft, die freigebige Göttin der Hügel und Ebenen der Welt, setzt sich oft ihre eigenen Grenzen und stellt eine praktizierte Geometrie mit berauschender Ästhetik zur Schau. Man braucht nur über die bestellten Felder auf den terrassierten Hügeln Asiens und Südamerikas zu fliegen oder über intensiv bewirtschaftete Plantagen in der Leere weit entfernter Ebenen der trockenen Gebiete des Globus, in fruchtbaren Ebenen wie im Mittelwesten der Vereinigten Staaten oder auf den ausgedehnten Weideflächen Argentiniens und der Mongolei; fast menschenleer, und doch auf bestimmte Weise zur Befriedigung menschlicher Bedürfnisse bestimmt.

# Einführung

Städte, die großen Behausungen des Menschen, wirken von oben gesehen ebenfalls ganz anders und in gewissem Sinn sogar lebendiger. Jede Megalopolis ist aus der Luft betrachtet mehr als ein Ort aus unerträglichem Chaos oder ein überdimensionierter Ameisenhaufen. Besucht man sie über die »Hochstraße«, breiten sie sich aus wie ein lebender Organismus und werden manchmal viel homogener und persönlicher, verständlicher und sogar lebensfreundlicher. Straßen und Kanäle sind die Arterien der Großstadt. Sie besitzt erstaunliche Muskelstreifen in Gestalt von Türmen, Monumenten und Wolkenkratzern – den höchsten Bauwerken des Menschen. Sie atmet mit den Lungen ihrer Parks und Gärten, und sie blickt aus den großen blaugrünen Augen ihrer künstlichen Seen und Reservoire. Es ist unmöglich, von der Skyline der rasch wachsenden Großstädte überall auf der Welt, die miteinander um das höchste Gebäude wetteifern, nicht in den Bann gezogen zu werden. Schanghai und New

# Einführung

York können beide eine gleich große Zahl dieser Bauten vorweisen. Es sind Meisterwerke einer Verbindung aus purer Ästhetik und reiner Genialität, von der Perfektion ihrer Funktionalität und Zweckmäßigkeit ganz zu schweigen.

Das Neue und Alte liegt überall in den Städten nebeneinander und übereinander geschichtet, von der größten bis zur kleinsten. Wenn man im Flug auf die Sassi von Matera hinabschaut, bietet sich einem ein ausgezeichnetes Beispiel dafür, wie in einer urbanen Umgebung verschiedene Gebiete und Typen von Häusern als organische Einheit zusammenwirken. Jedes erhalten gebliebene Zeugnis menschlicher Tätigkeit enthüllt von oben die unsichtbaren Spuren seiner Sinngebung. Der Arc de Triomphe beispielsweise, das größte Bauwerk seiner Art in der Welt, steht in seiner lastenden Monumentalität inmitten eines betriebsamen Kreisels, der mehr vermittelt als nur eine ästhetisch-architektonische Verkündigung.

# Einführung

Es ist eine eigenartige Tatsache, dass die schönen Dinge, die man von oben herab wahrnimmt, sehr oft unbeabsichtigt sind und von der Natur mit großzügiger Gleichgültigkeit geschaffen wurden oder vom Menschen mit nicht beabsichtigtem Wohlwollen. Vom Flugzeug aus kann man sich einen freien, offenen Horizont verschaffen. Der Blick vom Himmel macht den Beobachter zum Riesen, verleiht ihm die märchenhaften »Siebenmeilenstiefel« und bietet ihm das Gesicht einer Welt, das Respekt und Liebe verdient.

**26–27**
Die Inselwelt von Bora Bora in Polynesien.

**28–29**
Salzwasser-Reservoirs in der Camargue, Südfrankreich.

**30–31**
Die Skyline von Manhattan mit den bedeutendsten Wolkenkratzern von New York City.

# MEERESWELTEN

## Flying High

**33**
Der Golf von Quartu in Cagliari, Italien (links);
Strand auf der Insel Phuket in Thailand (rechts).

Von »Meeren«, also vom Meer in der Mehrzahl zu sprechen, verengt den Blick. Das Meer ist vom Wesen her eine Einheit, das Element zwischen den Kontinentalmassen, das sie zu dem macht, was sie sind. Es verkörpert die Gestaltungskraft, die das Bild der Erde bestimmt. Der amerikanische Doppelkontinent wäre nicht Amerika ohne die beiden Ozeane, die ihn von den übrigen Landmassen trennen und seine charakteristischen Umrisse bilden. Und diese beiden Ozeane wiederum verteilen sich über unseren Planeten. Die Ozeane trennen und vereinen gleichzeitig alles auf der Welt und bilden den vom Volumen her umfangreichsten Lebensraum der Erde, auf der sie bis zu einer durchschnittlichen Tiefe von 3800 Metern die gesamte Oberfläche einnehmen. Dennoch gibt es gewisse Unterschiede in dieser generischen Kategorie.

Da sind an erster Stelle die offenen Meere zu nennen, die den Hauptteil der Gesamtmasse an Salzwasser bilden, das den Planeten umspült, und die allein durch ihre gewaltige Ausdehnung eine besondere Aufgabe haben. Seit urdenklichen Zeiten hat die Vorstellung des Menschen vom Meer das Bild der Erdoberfläche geprägt. Es war das erste Element, das sich von dem allmählich abkühlenden Gestein der langsam rotierenden Kugel, aus der unsere Welt hervorgegangen ist, absonderte. Das Leben ist vermutlich im Meer entstanden, auch wenn moderne Theorien dazu neigen, die Elternschaft dem brodelnden, im Enstehen begriffenen Land zuzuweisen oder den Ursprung des Lebens zumindest zwischen diesem und dem Meer aufzuteilen. Der Ozean war die Quelle einer erst kürzlich gemachten, sehr revolutionären Entdeckung über die

**34**
Bora Bora, auch »Perle des Pazifiks« genannt, gilt
als die schönste Insel in Französisch-Polynesien.

# Meereswelten

Entwicklung der Erde. Die Tiefen des Meeres wie der 3000 bis 5000 Meter tiefe Mittelatlantische Rücken sind nicht die lichtlose, lebensfeindliche Wüste, für die man sie lange gehalten hat. Hier fand man hoch spezialisierte Lebensformen, die sich dank einer Nahrungskette entwickeln, die nicht auf Photosynthese beruht, sondern der geothermischen Wärme entspringt, die entlang des Rückens durch Gesteinsöffnungen aus dem heißen Erdinnern austritt.

Allerdings ist der Blick auf den Meeresboden auch vom Flugzeug aus wegen der großen Tiefe und der reflektierenden Wirkung der Wasseroberfläche leider verstellt. Der Himmel ist blau, und das Meer wirft zu einem großen Teil die Wellenlänge dieses strahlenden Lichts zurück. Andererseits erzeugt das Zusammenwirken von Licht, Wasser und Meeresboden einige der außergewöhnlichsten Naturerscheinungen. In Küstennähe ist die Farbe des Meeres außerordentlich abwechslungsreich und inspirierend, manchmal blendet sie sogar. Diese besondere Nuance von Blau, die zutreffend »Ultramarin« genannt wird, changiert entsprechend der Geomorphologie in verschiedenen Schattierungen von Grün, Blau und Türkis in überwältigender Intensität. Die lebendigsten Farben findet man aber nicht nur vor Inseln oder an den Stränden tropischer Meere, sondern beispielsweise auch an den Küsten Irlands.

Der Ozean ist wie eine Verheißung: Steigt man in seiner geografischen Mitte auf, kann man tausende Kilometer fliegen, ohne etwas zu sehen, das einem vertraut vorkäme. Aber allmählich stellt man fest, dass die Krümmung des Horizonts sich verdichtet. Eine Küste beginnt den Ozean jenseits der Kanzelverglasung des Flugzeugs zu umarmen. Der Dunstschleier zwischen Meer und Himmel verliert den Reiz seiner Unfassbarkeit. Von Schwarz wechselt er zu Braun, dann ändert er die Farbe entsprechend des Breitengrades. Das Dreieck des südlichen Sinai leuchtet in Schattierungen von opakem Gold, hebt sich ab vor dem fast kristallklaren Meer mit der irreführendsten Bezeichnung der Welt: dem Roten Meer. Es ist blau bis auf den Grund hinab, 850 Meter unter der Küste. Die tropischen Küsten mit ihrer üppigen Vegetation scheinen über eine urwüch-

# Meereswelten

sige Sprengkraft zu verfügen, so als wollten sie sich unendlich weit ausdehnen auf Kosten des Meeres. Die Küsten der Polargebiete ragen schwarz und weiß aus dem eisigen Nebel, nah und doch entweichend. Oft wird das Meer wegen seiner Einsamkeit mit der Wüste verglichen. Wenn man aber genauer hinschaut, ist das muntere Spiel des Sonnenlichts auf der Oberfläche eine unerschöpfliche Quelle von abwechslungsreichen Wellenlandschaften, die sich über tausende Kilometer von einer Küste zur anderen hinziehen.

Auf dem offenen Meer sind Menschen in ihren nussschalenartigen Booten – verglichen mit der Weite des Horizonts – eher sporadische Erscheinungen. Ob Kreuzfahrtschiff, Öltanker, Flugzeugträger oder eine Flotte aus Fischkuttern, jedes Schiff erscheint auf der Oberfläche als Individuum. Eine Konstruktion von Menschenhand, die sich im uralten Kräftemessen mit dem Meer behauptet, unscheinbar, als wäre sie die einzige Kreatur auf diesem unermesslich großen Gebiet.

Die Inseln verstärken diesen Eindruck. Sie bestehen aus gewachsenem Fels, oft sedimentären oder vulkanischen Ursprungs, aber sie sind auch große Flöße, auf denen ganze Populationen leben, die die Umwelt verändern. Im Flug über irgendeine Insel in der Südsee sticht unweigerlich die unlaubliche Üppigkeit der Vegetation ins Auge, die sich aus dem Wasser erhebt; so dicht und angefüllt mit Leben, dass man sich vorstellen kann, sie in der Hand zu halten wie einen kostbaren Edelstein. Gleich dahinter, an den Rändern, scharen sich weiße Boote um die Anlegestellen wie Weinbeeren an der Traube.

Dann sind da die Binnenmeere, von denen es zwei Arten gibt: das Mittelmeer und das Schwarze Meer auf der einen Seite, das Kaspische Meer, das Tote Meer und den Baikalsee auf der anderen. Die erste Art entstand durch das Einfließen des Meeres in tiefe Täler, die andere wurde auf dem Festland schlicht »vergessen«, als sich die Ozeane während verschiedener Eiszeiten zurückzogen. Das Tote Meer ist eine einzigartige Erscheinung: Sein Wasser ist wegen seines hohen Salzgehalts für fast alle Lebensformen tödlich. Trotzdem erzeugt es – eingebettet zwischen zwei tro-

# Meereswelten

ckenen, zerklüfteten Küsten in den Schattierungen von Rot, Weiß und leuchtendem Gelb – dank seiner Farben Landschaftsbilder von eigentümlicher Schönheit. Das Mittelmeer birgt eines der am höchsten gelobten, aber auch seltensten Ökosysteme. Sein mildes Klima teilt es mit nur wenigen anderen Gebieten auf dem Planeten, die alle in Breiten jenseits der beiden Wendekreise liegen. Die kalifornische Küste von Sacramento bis Los Angeles, die chilenische Küste südlich der Atacamawüste und noch einige Küstenabschnitte in Australien: Alle diese Gebiete sind gekennzeichnet von eher trockenen Rändern und einer dennoch üppigen und aromatischen Vegetation. Eine Eigenschaft, die diese fernen Regionen – neben ihrem Klima und ihrer Umwelt – gemeinsam haben, fällt dem Beobachter am Himmel auf. Ein eher unscheinbares Detail: Rote Dachziegel heben sich leuchtend ab gegen das ins Licht getauchte Land mit den großen Rosmarin- und Lorbeersträuchern, Agaven und Tamarisken.

Schließlich gibt es noch eine ganz andere Art von Meer, das sich allen Vorstellungen entzieht und gar keines zu sein scheint. Tatsächlich wissen wir erst seit kurzem, dass es aus Wasser besteht. Das von Umberto Nobile 1928 entdeckte Polarmeer ist eine grenzenlose flache Kappe, eine Art Illusion in den Augen von Lebewesen, aber so überzeugend, dass Landtiere wie Bären über dem tiefen, stark salzhaltigen Wasser leben. Nachdem sie sich dieser Umwelt angepasst hatte, bekam diese Gattung ein weißes Fell, wurde groß, dick und schlau. Sie präsentiert sich auf diesem Planeten als das einzige Landlebewesen, das eine Möglichkeit gefunden hat, in einer maritimen Umgebung ohne Hilfe von Booten zu existieren.

Wenn man auf Packeis geht und glaubt, man bewege sich nach Norden oder in eine andere Himmelsrichtung, dann ist das trügerisch, weil die Kappe ständig in Bewegung ist, in Millionen von Schollen zerbricht, die sich dabei um die eigene Vertikalachse drehen wie in einem verrückten schwimmenden Puzzle. Große Platten von verschiedener Größe prallen aufeinander, bäumen sich über der flachen Umgebung auf wie gigantische Klingen aus Eis und erzeugen Ketten ge-

# Meereswelten

fährlicher Gebirge. Wie emporgestiegenes Festland verselbstständigen sich große, schroffe Eisberge bis zu 100 Meter Länge, die so flach wie manche Landebenen und Hochplateaus sind, und driften davon in wärmere Breiten, wo sie in dem Wasser dahinschmelzen, aus deren zu Schnee und Eis kondensiertem Dampf sie vor Millionen von Jahren entstanden sind.

Über den Ozean zu fliegen ist, als säße man in der äußersten Schicht der Atmosphäre, die eine fremde Welt umhüllt und ihren Bewohnern das Leben erst ermöglicht. Diese Wesen kann man aus der Luft beobachten, wenn sie einer Vielfalt von Bedürfnissen, von der Ernährung bis zum Atmen, nachkommen und dabei das Licht außerhalb ihres feuchten Himmelsgewölbes – das Wasser, in dem sie leben – sehen.

Schwärme von Fischen, die von oben wie große Inseln wirken, bewegen sich dicht unter der Oberfläche der Meere. Mit ihnen ziehen die größten Lebewesen, die wir kennen, die Cetacea, ihre weißen Spuren durch das Blau, über tausende Kilometer entlang der Küste, von Archipel zu Archipel, vom Kap der Guten Hoffnung zur Magellanstraße, von Neufundland bis zur antarktischen Halbinsel. Wale kreuzen in höheren Breiten und bewegen sich dann hinunter zum Äquator. Sie folgen den endlosen Wanderrouten dicht an den Küsten entlang, weil das Herz des Ozeans arm an Plankton ist und deshalb ein Ort des Hungers für die großen Tiere, die nur überleben, wenn sie sich von Abermillionen praktisch unsichtbarer Kreaturen ernähren können.

Das Meer erzeugt Leben und zieht es an, wie die große Vielfalt der Lebewesen, die es bevölkern, uns zeigt. Einige, wie Wale und Robben, sind tatsächlich dorthin zurückgekehrt, nachdem sie lange Perioden an Land verbracht haben. Das Meer hat viele Epochen der Welt erlebt und wird das weiter tun, wenn unsere ihr Ende gefunden hat. Anders ausgedrückt: Das Meer wird weiterhin die wahre Heimat des Lebens sein, einzigartig und unteilbar.

**40**
**Der 463 Meter hohe Vulkankegel des Mount Kirkjufell auf Island entstand am Ende der letzten Eiszeit, als die abschmelzenden Gletscher tiefe Spuren in der Küstenlandschaft hinterließen.**

**41**
**Heimaey auf Island beherbergt die größte Kolonie von Larventauchern der Welt. Die Narben, die das Gesicht der Landschaft prägen, stammen von mehreren kurz aufeinander folgenden vulkanischen Ausbrüchen.**

# Atlantischer Ozean

**42 und 43**

Skellig Rock in der irischen Grafschaft Kerry ragt wie ein Berggipfel aus dem Meer. Die höchste Spitze (rechts) ist fast 220 Meter hoch.

**44**

Die Brandung rollt mit weißen Schaumkronen in eine Bucht in der irischen Grafschaft Sligo. Der unablässige Ansturm der Meereswellen hat das Land gezeichnet und deutliche Spuren hinterlassen.

**45**

Der Leuchtturm von Galley Head in der Grafschaft Cork wurde um das Jahr 1870 errichtet und ragt mehr als 40 Meter über der Meereshöhe empor. Diese Leuchtfeuer lotsen noch heute Schiffe durch die gefährlichen Strömungen an den Felsenküsten Irlands.

**46 und 47**
An der Küste der Grafschaft Cornwall in England findet man steile Klippen neben langen Sandstränden und kleinen Fischereihäfen. Wo heute die Stadt Tintagel liegt, soll der Legende nach die Burg gestanden haben, in der König Artus geboren wurde.

**48**

St. Agnes ist eine der 140 Scilly-Inseln vor der Grafschaft Cornwall in England. In dem klaren Wasser liegen Schiffswracks verschiedener Epochen.

**49**

Der Strand von Oxford Beach in der Grafschaft Suffolk an der Ostküste Englands wird von der Meeresströmung beständig ausgewaschen.

**50**

In der Grafschaft Sussex, Ostengland, scheinen sich die weißen Klippen bei Beachy Head bis in unendliche Fernen auszudehnen.

**51**

Die Klippen von Dorset in England wurden wegen ihres Reichtums an Fossilien in die Liste des Weltkulturerbes der UNESCO aufgenommen.

**52**

Die Grünflächen des Pays de Caux in Frankreich reichen bis an die über 70 Meter hohe Steilküste heran. Die kleine Gedenksäule auf dem rechten Bild wurde zu Ehren von Louis Blériot errichtet, der 1909 als Erster über den Ärmelkanal flog.

**53**

Die Porte d'Aval (im Vordergrund) und die Manneporte in Frankreich wurden vom Meer und vom Wind geschaffen, ebenso wie die 75 Meter hohe Aiguille dicht an der Steilküste.

**54 und 55**
An der bretonischen Küste im Norden Frankreichs kommt es häufig vor, dass Boote und kleine Schiffe auf Grund liegen, wenn sich das Meer bei Ebbe zurückzieht.

**56**

Ein Golfplatz in Balaia, Portugal, direkt am Meer. Die Wogen des Atlantiks brechen sich an der Küste und schaffen lange Sandstrände.

**57**

Die Küste der Algarve im Süden Portugals ist wegen ihrer prächtigen Buchten mit den steil abfallenden Klippen berühmt.

**58**

Der Felsen von Gibraltar, eine britische Enklave an der Südspitze der iberischen Halbinsel, überragt die ansonsten sehr gleichförmige Landschaft. Schon im Altertum war diese Meerenge unter dem Namen »Säulen des Herkules« bekannt.

**59**

Der Punta de Piedade in Portugal ist von roten Felsgebilden umgeben, die zum Meer hin steil abfallen und mit wahren Labyrinthen aus Höhlen und Gängen durchzogen sind.

**60**
Zwischen Saint-Raphaël und Mandelieu-la-Napoule in Frankreich liegt das Estérel-Massiv wie eine Insel im Mittelmeer, dessen Buchten nur mit dem Boot zu erreichen sind. Die Farbe Rot prägt die Landschaft.

**61**
Tiefe Felsspalten ziehen sich durch den Fels der Iles de Lérins vor Cannes in Frankreich. In hunderttausenden von Jahren haben Bewegungen der Erdkruste die Oberfläche in vertikale Gesteinsschichten gegliedert.

# Mittelmeer

**62 und 63**

Die zerklüfteten Kalksteinformationen der Insel Cavallo vor der Küste von Bonifacio auf Korsika bilden gewaltige natürliche Höhlen entlang des Ufers.

**64 und 65**

Vom Hinterland fast völlig abgeschnitten, drängen sich die Häuser und Boote in den felsigen Buchten der ligurischen Küste Norditaliens wie hier in Portofino auf dem linken Bild und in Camogli auf dem rechten. Die Städtchen und kleinen Häfen bilden einen malerischen Anblick.

**66 links**

Die Insel Ponza in Italien besteht aus vulkanischem Gestein, das sich auf dem Meeresgrund auftürmte und schließlich die Wasserfläche durchbrach.

**66 rechts**

Aus der Luft bietet die italienische Insel Palmarola ein prächtiges Farbenschauspiel.

**67**

Das anmutige Landschaftsbild der Insel Ponza, wie hier zwischen dem See Cala Feola und dem Monte Guardia, ist durch Vulkanausbrüche entstanden.

**68**

Die höchsten Erhebungen und Sehenswürdigkeiten von Capri in Italien sind die Felsen Stella (109 Meter), Faraglione in der Mitte (81 Meter) sowie der von der Küste am weitesten entfernte Scopolo (104 Meter).

**69**

Wie Schwalbennester scheinen die Häuser an den Steilklippen der Küste von Amalfi zu kleben. Das Dorf Atrani ist eines der malerischsten auf dieser süditalienischen Halbinsel.

**70**

Lampedusa mit Linosa ist die größte der Pelagischen Inseln südlich von Sizilien. Der Name stammt vom griechischen Wort »pelagos« (Meer), denn die Vulkanfelsen türmen sich vom Meeresgrund her auf.

**71**

Die Insel Budelli in Italien ist vor allem wegen ihrer faszinierenden »Rosa Küste« berühmt. Die Färbung stammt von Fragmenten roter Korallen und vom Granitgestein, aus dem die Insel überwiegend besteht.

**72**

Zwei Buchten bilden eine schmale, sandbedeckte Landenge auf Elafonisos in Griechenland, einer kleinen Insel vor der Peloponnes. Zum warmen, blauen Meer hin wird die Landschaft rauer.

**73**

Kalksteinfelsen säumen die Küste von Zante oder Zacinto, der südlichst gelegenen Ionischen Insel in Griechenland. Hier gibt es ausgedehnte Wälder, aber an der Küste ist das Gelände steinig.

**74**

Die weiß gestrichenen Häuser im Dorf Messaria auf der Insel Santorin sind charakteristisch für die Bauweise auf den Kykladen. Die Dörfer wurden zum Schutz der Bevölkerung vor Piraten auf schwer zugänglichen Klippen errichtet.

**75**

Wie hier in Serifos findet man überall auf der griechischen Inselgruppe der Kykladen kleine Kirchen aus byzantinischer Zeit.

**76 und 77**

Die südliche Küste der Türkei bei Kas (links) und Fethiye (rechts) ist mit versteckten Buchten und schwer zugänglichen kleinen Häfen übersät. Viele der Ortschaften sind heute fast menschenleer oder völlig verlassen.

**78 und 79**
**Farbige Kontraste von starker Leuchtkraft bestimmen das Bild der Mittelmeerküste Ägyptens. Der Anblick von Schiffswracks ist nicht ungewöhnlich in den seichten Gewässern entlang des Meeresufers.**

**80**
Sharm el-Sheikh in Ägypten ist ein Paradies für Sporttaucher. Der Reichtum an Sehenswürdigkeiten unter Wasser steht in krassem Gegensatz zur Eintönigkeit der flachen Landschaft.

**81**
Die Straße von Tiran entlang der Küste des Roten Meeres in Ägypten erscheint aus der Luft wie ein türkiser Farbenrausch.

**82 und 83**

Vor der Halbinsel Ras Mohammed fällt die Küste aus versteinerten Korallenriffen über 850 Meter tief ins Rote Meer ab. Die Stelle liegt etwa 20 Kilometer südlich von Sharm el-Sheikh in Ägypten.

**84 und 85**
**Die Ostküste der tansanischen Insel Sansibar besitzt weitläufige Strände aus feinem weißen Sand. Im klaren und seichten Wasser des Meeres werden Algen gezüchtet.**

**86**

Morne Brabant ist ein schroffes Bergmassiv auf der Insel Mauritius, dem Verwaltungssitz des unabhängigen Staates gleichen Namens. In den verwitterten Felsen sollen viele flüchtige Sklaven Schutz gefunden haben.

**87**

In den Tropen siedelt sich selbst an den unscheinbarsten Stellen üppige Vegetation an, wie hier auf der kleinen Insel im Gebiet der Ile de la Digue im Inselstaat der Seychellen.

**88**
Nicht weniger als 1192 große und kleine Koralleninseln wie diese hier bilden die Inselgruppe der Malediven im Indischen Ozean.

**89**
Einer der schönsten Anblicke aus der Luft, den der Indische Ozean zu bieten hat, sind zweifellos die Atolle. Die Malediven beherbergen 26 solcher Gruppen, die auf gerader Linie von Norden nach Süden verlaufen.

**90 und 91**
An den Küsten von Sri Lanka ziehen Fischer ihre Netze ein, als hätte sich seit Jahrtausenden nichts verändert.

**92 und 93**

Die Insel Phuket in Thailand ist bekannt für die Reinheit ihrer Farben. Aber nur von Dezember bis März, solange die Monsunwinde es nicht aufwühlen, ist das Wasser von solcher Leuchtkraft und Klarheit.

**94 und 95**

Schlanke Ruderboote und Katamarane mit doppeltem Rumpf liegen an der Küste der Insel Bali in Indonesien. Die kleinen Fischerboote sind häufig bunt bemalt und bieten aus der Luft einen exotischen Anblick.

**96**

Fischerhütten am Strand einer Insel in der Gruppe der philippinischen Sulu Islands.

**97**

Einzigartige Farbkontraste entstehen am Ufer der philippinischen Insel Panducan. Diese Meisterwerke der Natur entstehen gewöhnlich, wenn sich das kalte Wasser der Flüsse und Bäche ins Meer ergießt.

98

Das Great Barrier Reef in Australien ist das ausgedehnteste Ökosystem seiner Art in der Welt: 2000 Kilometer Korallenbänke und Millionen von Lebewesen siedeln in diesem Wunderwerk der Natur.

99

Ausgefallene Formen wie dieses herzförmige Gebilde sind keine Seltenheit in der Korallenwelt des Great Barrier Reef.

**100 und 101**
Bei Ebbe ziehen sich die Sanddünen vor dem Whiteheaven Beach in Australien wie weiße und blaue Pfade durch das Gelände.

**102 und 103**

Bora Bora gehört zu den Gesellschaftsinseln in Französisch-Polynesien und ist die Hauptinsel in der Gruppe der Inseln unter dem Wind. Sie ist umgeben von einem Korallenriff und einer Lagune mit vielen kleinen Inseln, die von den Einheimischen »motu« genannt werden.

**104 und 105**

Im Lauf von Jahrhunderten haben Veränderungen des Meeresbodens die Lagune von Mataiva geschaffen, ein Atoll der Tuamotuinseln in Polynesien. Durch das abwechselnde Ansteigen und Absinken des Grundes sind Teiche entstanden, in denen sich viele verschiedene Fischarten tummeln.

**106 und 107**

Die Inselgruppe Tuamotu in Polynesien besteht aus 78 Sandinseln und Atollen inmitten eines maritimen Paradieses aus Korallen, Seeanemonen, Seesternen, Schildkroten und exotischen Fischen aller Art.

**108 und 109**

Zur Gruppe der Palauinseln in Mikronesien gehören Atolle und die vielen kleinen Inseln der Westkarolinen, die mit üppigster Vegetation überzogen sind.

**110**

Meer, Himmel und Land begegnen sich an der Küste von Onaka'a auf Big Island, der größten Insel von Hawaii.

**111**

Die Küste von Na Pali auf der Hawaii-Insel Kauai ist wegen der bis zu 60 Meter hohen Klippen, die zum Pazifischen Ozean hin steil abfallen, unzugänglich.

**112 und 113**

Der kalifornische Küstenstreifen von Big Sur, in dessen Buchten sich die Wellen des Pazifiks brechen, reicht von der Bucht von San Francisco bis in den Großraum von Los Angeles.

**114 und 115**

Die langgestreckte Halbinsel Baja California trennt die Westküste Mexikos vom Pazifischen Ozean. Dazwischen liegt die Cortés-See, die unsere Luftaufnahme bei strahlend schönem Wetter zeigt.

# Atlantischer Ozean

**116**
Der Leuchtturm auf einer der kanadischen Magdaleneninseln im Sankt-Lorenz-Golf hilft den Booten beim Navigieren in der Bucht.

**117**
Eine Halbinsel mit einer doppelten Meerenge umschließt einen kleinen Binnensee an der Küste von Cape Breton Island in Neuschottland, Kanada.

**118 und 119**

Die wild zerklüfteten Küsten des Bundesstaates Maine in den Vereinigten Staaten fallen schroff zum Atlantik ab. Leuchttürme wie die auf Owl's Head (linkes Bild) und Rock Egg (rechtes Bild) helfen den Booten beim Navigieren zwischen den vorgelagerten Felsen, die wie Nadeln aus dem Wasser ragen.

**120 und 121**

Die Insel Chincoteague wirkt wie ein Wellenbrecher: Dank ihrer Lage schützt sie einen Küstenstreifen Virginias vor den Wogen des Atlantiks. In den stillen Gewässern gedeihen Schalentiere wie die begehrten Austern.

**122 und 123**

Die Nordwestküste Floridas, einer der am weitesten südlich gelegenen Ausläufer der Vereinigten Staaten, ist ein flaches Gebiet mit Lagunen, Inselgruppen und Korallenbänken, die weit in den Golf von Mexiko und in den Atlantik hinausreichen.

**124 und 125**

Die dem Golf von Mexiko zugewandten Strände an der Küste Floridas sind auf weite Strecken von Dünen mit dürftigem Pflanzenwuchs gesäumt.

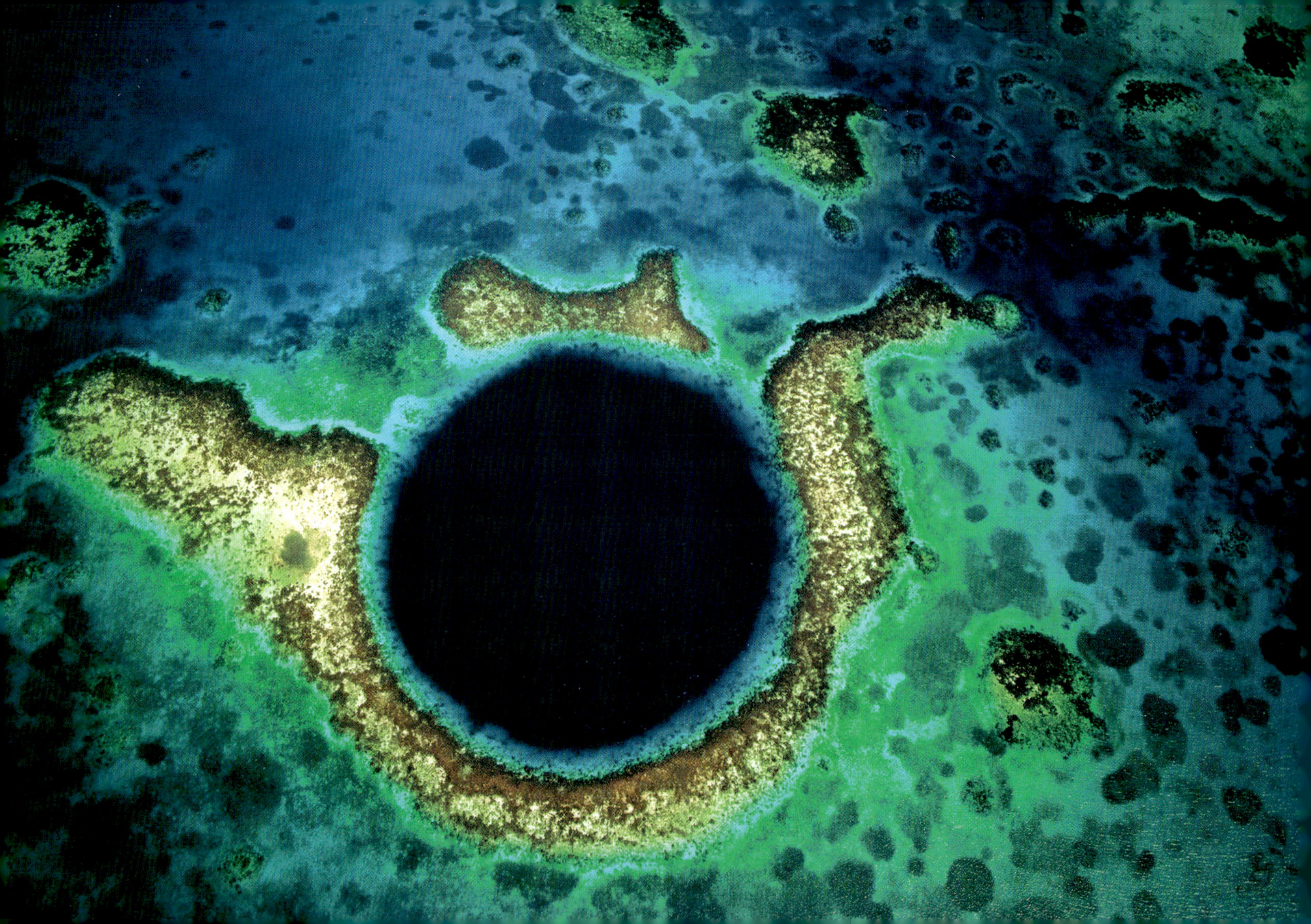

**126**

Vor der Küste von Belize stößt man auf »blaue Löcher«, Atolle unter der Wasseroberfläche, an deren steil abfallenden Wänden Schwämme, Korallen und Nesseltiere siedeln.

**127**

Die weißen Strände von Cayo Coco im Mittelabschnitt der Ostküste Kubas werden von warmem, seichtem Wasser umspült.

**128 und 129**

Die Inselgruppe der Bahamas besteht aus ungefähr 700 Inseln, von denen jede ihre eigenen geologischen und umweltbedingten Besonderheiten hat.

**130 und 131**
Die Inseln der Bahamas sind von dem sauberen und kristallklaren Wasser umgeben, das der Atlantik in diesem Gebiet aufweist.

**132**

Auf Petit Terre Island, einer Insel vulkanischen Ursprungs wie alle in der Guadalupe-Gruppe, wachsen dichte Tropenwälder bis ans Ufer.

**133**

Eine Besonderheit des Los Roques-Archipels vor der Küste von Venezuela sind die unweit des Strandes gelegenen Seen mit üppigem Pflanzenwuchs.

**134**

Eine 300 Kilometer lange grüne Lagune trennt das Ostufer der Elfenbeinküste in zwei sandige Streifen.

**135**

Ein einfaches, nur mit einem Netz ausgerüstetes Fischerboot liegt auf einem Uferstreifen an der Elfenbeinküste in der Nähe von Abidjan.

**136**

Wellen schlagen gegen das Wrack eines an der Skeleton Coast in Namibia gestrandeten Schiffs.

**137**

Von mächtigen Dünen umgeben, ist die Lagune von Sandwich Harbour in Namibia ein Vogelparadies mit Kolonien von rosafarbenen Flamingos.

**138 und 139**
Zwei Eisbrecher im Northwestern Territory von Kanada. Hier entstehen bei eisigen Temperaturen große Flächen von Packeis, die die Schifffahrt während vieler Monate des Jahres sehr erschweren.

**140 und 141**

Die Beaufortsee nördlich von Alaska und Kanada gehört zum Eismeer und liegt das ganze Jahr über unter Packeis. 1914 unternahm der Kanadier Vilhjalmur Stefansson die erste Expedition in dieses lebensfeindliche Gebiet

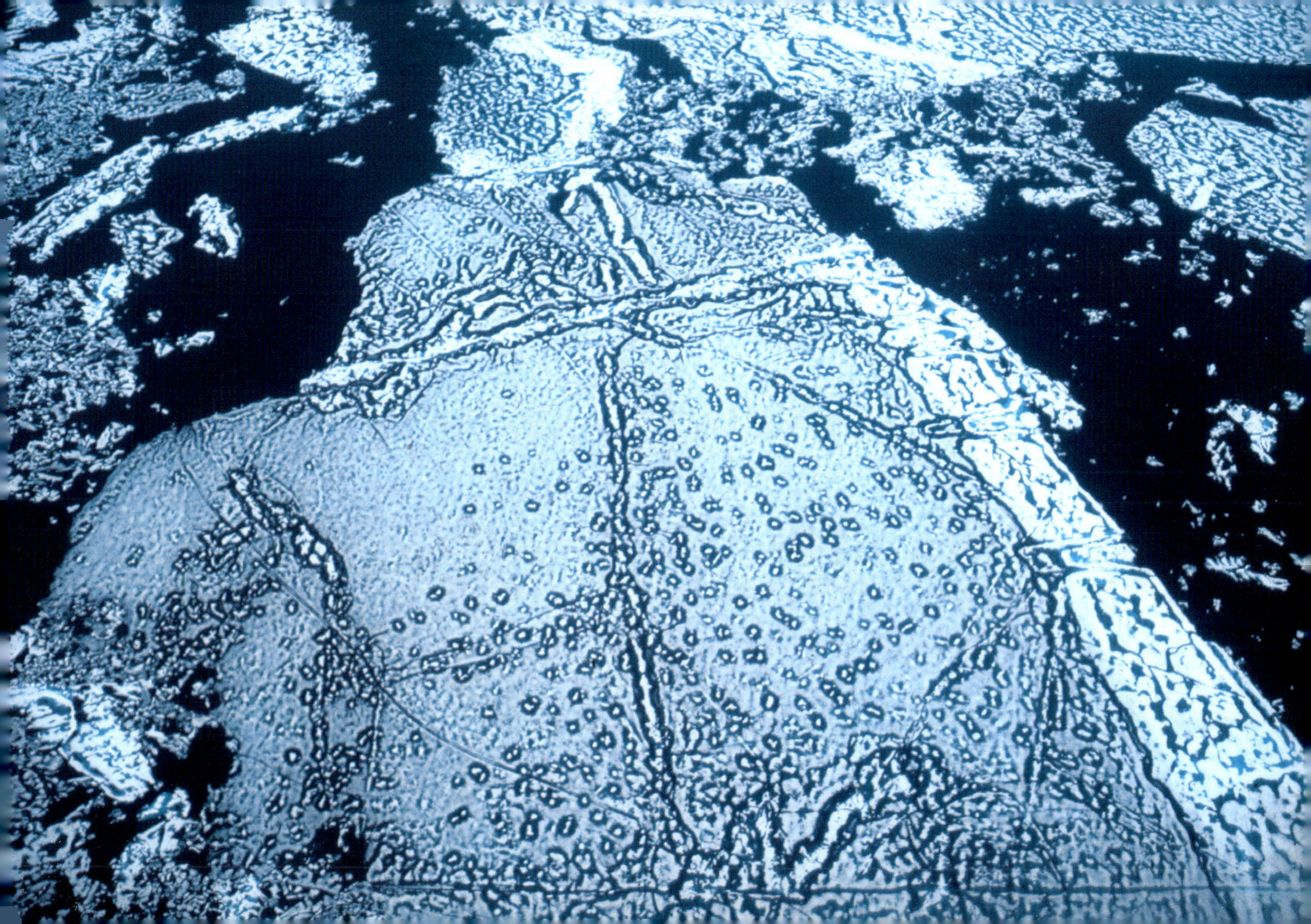

**142**

Die schwimmenden Eisschollen der Antarktis werden zwischen 30 Zentimeter und über einem Meter dick. Ihr Umfang kann bis zu 10 Kilometer erreichen.

**143**

Nahaufnahme der Drygalski Ice Tongue, einer 80 Kilometer langen Eiszunge entlang der Ross Sea in der Antarktis.

# TIEFLAND

## FLYING HIGH

FLYING HIGH DIE WELT

**145**

Das Weinbaugebiet La Morra in Italien (links); terrassenförmig angelegte Reisfelder im Norden Thailands (rechts).

Jede Landschaft hat ihre Dichter hervorgebracht. Für die Berge, die Meere, die Wälder, die Städte und sogar die ewigen Gletscher haben sich inspirierte Stimmen gefunden, die das Lied ihrer besonderen Schönheit singen.

Aber die Orte, die zu den leidenschaftlichsten und nostalgischsten Gesängen angeregt haben, waren vermutlich die Hügel der Welt, ihre Ebenen und ihre soliden, überschaubaren und beruhigenden Orte. Auch jene, die man vielleicht nie mit eigenen Augen gesehen hat. Die Sehnsucht nach Afrika beispielsweise ist eine der Folgen dieses natürlichen Bedürfnisses nach Ruhe und Weite.

Die niederen Regionen der tropischen Gürtel sind unendlich weite Teppiche aus Savanne, gesprenkelt mit den Schatten der Akazien und Baobabbäumen. Das Gras beugt sich unter der Sonne und den Schritten der Elefanten, denen man von oben zusehen kann, wie sie in lockeren Reihen von einem Baum zum nächsten ziehen, um vom Laub zu fressen. Die Runddörfer der Eingeborenen tauchen dann und wann aus dem Staub und aus dem Rauch ständig in Gang gehaltener Kochfeuer auf. Sie spiegeln sich im Wasser von Flussarmen, die ihre träge Bahn durch Ebenen ziehen, die keine Erhebungen kennen. Sanfte Hügelketten sind – wie im Süden Äthiopiens, in Kenia und Tansania – oft gekennzeichnet durch terrassenförmige Anpflanzungen und bringen damit eine mit der natürlichen Umgebung in Einklang stehende Ordnung in die vom Menschen geschaffene Landschaft zwischen spärlichen Wäldern und grellgelben Prärien.

**146**

Felder auf vulkanischem Boden auf der Südseeinsel Bali. Die Erde ist so fruchtbar, dass zwei Ernten pro Jahr nichts Ungewöhnliches sind.

# Tiefland

Die Steppen Zentralasiens vermögen das gleiche Gefühl von Wehmut auszulösen. Der Flug über die grenzenlosen Prärien der Mongolei, auf deren Grasebenen der Wind weiche Wellen erzeugt, eingebettet ins rote Licht der untergehenden Sonne, ist ein Erlebnis, das einen tief berührt.

Was leer und verlassen wirkt, erwacht vorübergehend zum Leben. Hier scheint die Anwesenheit des Menschen aufgrund der Monotonie der Landschaft über Hunderte von Kilometern noch sporadischer zu sein als sonst, und nur manchmal reckt sich das Zelt einer Nomadenfamilie in die kristallklare, eiskalte und vollkommen reine Luft. Die Herden und Tiergruppen in der Ferne werfen lange Schatten auf den flachen Boden, desgleichen die Wildpferde, die sich vom Gelbgrün der Prärien wie weiße Sterne abheben.

Auch die Tundra ist ein Teil dieses Ensembles. Man wird sie gewiss nicht als einladend beschreiben wollen, dieses vom Eis, das sich vor Jahrtausenden zurückgezogen hat, als Letztes freigegebene Land. Aber auch diese graue Weite, eintönig flach und sumpfig, hat ihren eigenen Ausdruck von Schönheit und Reichtum. Im kurzen arktischen Sommer entzünden intensiv gefärbte Blumen ihr flammenloses Feuer auf den wilden Feldern, während Herden von Rentieren und Karibus auf uralten Pfaden dahinziehen. Auf der Suche nach Vegetation, die im ewigen Kampf mit den wechselnden Jahreszeiten das Land in Besitz nimmt und wieder freigibt, um es dann von neuem zu erobern, wenn die Sonne es erlaubt.

Aber das sind extreme Bedingungen. Auf der anderen Seite stehen Hügellandschaften, die mit ihrem »kolonisierten«, vom Menschen geschaffenen Aussehen Emotionen zu wecken vermögen. Wie die durch landwirtschaftliche Nutzung begrünten, sanft geschwungenen Hügel auf der Insel Chiloé. Deren Landschaft ist der Westeuropas oder der im Nordosten der Vereinigten Staaten so ähnlich, dass sie fast irrtümlich nur wenige Kilometer hinter der zerklüfteten Küste des windigen und einsamen Patagoniens angesiedelt zu sein scheinen.

# Tiefland

Es gibt wohl keinen Ort auf der Welt mit einem einladenderen Erscheinungsbild als die ländlichen Gebiete Britanniens, Irlands, Frankreichs oder Neuenglands. Ihre Hütten und ursprünglichen Gehöfte versprühen ihren rustikalen Charme zwischen den Äckern am Fuß wellenförmiger Hügel, die wie Drachenrücken aus den dunklen Wäldern der Talniederungen emporsteigen. Ihre mit Wiesen bedeckten Kuppen sind gekrönt von mächtigen Ulmen, Kastanienbäumen und jahrhundertealten Eichen.

Flüsse und Bäche durchpflügen weite Täler, die jeglicher störender Schatten und Tiefen entbehren. Alles rundum ist mit Früchten des Landes bestellt, gezähmt, umsorgt – man möchte fast sagen, liebkost – durch die Arbeit der Bewohner im Lauf von Tausenden von Jahren.

Immense Ebenen bilden das Herz der Vereinigten Staaten. Ein riesiges Floß aus Stein, das zwischen zwei Ozeanen treibt; nach Osten hin begrenzt durch die üppig mit Laubwäldern bewachsenen Erhebungen der Appalachian Mountains und nach Westen hin durch die Sporne der Rocky Mountains, die sich durch vorgelagerte Hügelketten ankündigen. Diese Kuppen scheinen immer so weit entfernt zu liegen wie die Black Hills oder die unbeschreiblich öden Badlands von South Dakota, die aussehen wie eine zerwühlte See, versteinert im Zeitraum eines Augenblicks durch irgendeine göttlichen Macht.

Der Boden der großen Ebenen der Welt ist fest; ihr An- und Absteigen sanft. Auf den bestellten Flächen wird die einförmige, beunruhigende Weite der Ebenenlandschaft unterbrochen durch die intensive landwirtschaftliche Nutzung unter Einsatz modernster Methoden bei der Landbestellung und Ernte.

Auf den unbestellten, ungeschützten Flächen schliffen Wind und Wetter im Laufe der Zeit jede Erhebung und Besonderheit der Prärien ab. Hier musste und muss die Hand des Menschen eingreifen, um das Land fruchtbar zu machen.

Dutzende vollkommen kreisförmig angelegte Felder heben sich auf fast unnatürliche Weise ab von den trockensten Ebenen Jordaniens und reichen bis

# Tiefland

zum Horizont. Kompassen gleich, setzen sie einzigartige Markierungen in dieses magere und dürre Reich der Natur. Die Arme von Bewässerungsanlagen rotieren wie Uhrzeiger, um diesen abgezirkelten Bereich zu ernähren und ihn dem Chaos eines von Sonne und Wind ausgezehrten Landes zu entreißen. Ein völlig anderes Bild hingegen vermitteln die Anbaugebiete in gemäßigteren Klimazonen, wo Plantagen magentafarbener Cranberries makellos gerundete, oft auch herzförmige Muster von 200 Metern Durchmesser bilden, wie zum Beispiel im stumpfen Braun der sandbedeckten Sümpfe von Massachusetts, wo sie sich mit Dutzenden anderen Plantagen über eine bewegte Landschaft aus Hügeln und Wäldern hinziehen.

Was gibt es über die Reisfelder zu sagen? Nur wenige Schauspiele wirken aus der Luft betrachtet so überwältigend. Sie ringeln sich wie Schlangen um die fast unnatürlich grünen Hügel Asiens, sich so zäh um sie windend wie vor zwei- oder dreitausend Jahren. Sie sind Skulpturen, die die Mähnen der Hügel mit Leben erfüllen, ebenso wie die flachen Weiten aus kleinen quadratischen Seen in perfekt ausgerichteten Reihen. Diese Seen sind angelegt wie ein von einem verrückten Genie gezeichnetes Schachbrett, das den Himmel, die Wolken und die Berge in der Ferne reflektiert. Ein Schachbrett, das von den Ebenen südlich des Himalaja bis hin zur weit entfernten westlichen Landschaft Norditaliens reicht.

Auf dem Flug über die italienische Halbinsel erscheinen auch die Weinbaugebiete in einem satten, schillernden Grün. Sie bilden kilometerlange zierliche Spaliere in parallelen Reihen auf einem weiten Hügelsystem von bemerkenswert ödem Aussehen, verglichen mit der Fülle und Köstlichkeit der dort gedeihenden Früchte.

Unter der brennenden Sonne wirkt der Boden – gefärbt wie Tuffstein, hell und dunkel, oft gelb wie Lössboden oder sienabraun – das ganze Jahr über ausgedörrt. Ein perfekter Ausdruck der fragilen, aber robusten Existenz der Rebstöcke.

# Tiefland

Die Gebiete von Monferrato und Langhe im Nordosten der Halbinsel, die Ebenen bei Verona, das Chiantigebiet in der Toskana und die Region Salento in Apulien sind Anbauflächen, die einzig zu dem Zweck geschaffen zu sein scheinen, diejenigen zu erfreuen, die ihre Landschaft genauso schätzen wie ihre Früchte.

Klimatisch betrachtet sind es Grenzgebiete, die sich entlang einer unsichtbaren Trennlinie zwischen den kälteren Zonen der Alpen und des Apennin und den wärmeren, hügeligen oder flachen Niederungen erstrecken. Tatsächlich verdanken sie ihre außerordentliche Fruchtbarkeit eben diesen transitorischen Bedingungen. Reben findet man fast immer in der Nähe von Gebirgen. Jenseits der Hügel erkennt man die Gebirgsketten der Alpen oder des Apennin. Deren auch aus der Weite sichtbar schroffe Erscheinung mit ihren verschneiten und ätherischen Landschaften wird vom Dunst gemildert und weichgezeichnet wie auf chinesischen Gemälden.

Terrassen und landwirtschaftliche Umfriedungen, die alle zusammengenommen größere Ausmaße erreichen als jedes andere Menschenwerk in der Geschichte der Menschheit, erstrecken sich endlos über die Hänge der Anden, die so trocken sind wie ein Land nur sein kann, aber auch über die teppichartigen Wiesen Irlands, wo es Wasser im Überfluss gibt. Das sind atemberaubende Anblicke, auch weil die Häuser und Dörfer derjenigen zu sehen sind, die das Land bewirtschaften, ohne zu erwarten, dass ihre harte Arbeit ein aus der Luft betrachtet so anmutiges Ergebnis erbringen würde.

Alle Hügel und Ebenen der Welt, welcher Art sie auch sein mögen, tragen dazu bei, Landschaften zu schaffen, die wie Meisterwerke aussehen. Diese Kunst, die sich selbst nicht wahrnimmt, die so unendlich komplex ist, aber auch so rein und unverfälscht, geht all denen zu Herzen, die die Schönheit dieser Niederungen seit Jahrtausenden besungen haben, und auch denjenigen, die diese Gebiete nie gesehen, aber den Gesängen mit Wehmut gelauscht haben.

**152**
Felder und Weideflächen in der Grafschaft Westmeath in Irland. Die Anlage hat den Charakter eines bizarren Kunstwerks.

**153**
Wie eine Palette von Grüntönen erscheint diese Landschaft in der irischen Grafschaft Cork im äußersten Süden der Insel.

**154**
Das Gebiet des grünen Lake District nahe Kendal in Großbritannien bietet mit seinen Tälern, Bergen und zahlreichen Seen ein friedliches Landschaftsbild.

**155**
Zwei Regenbogen über den Ebenen der Somerset Level in Großbritannien verwandeln die Weideflächen in eine Märchenlandschaft.

**156**

Gepflügte und frisch angesäte Felder mit geradlinigen Umrissen bei Rottal am Inn in Niederbayern.

**157**

Eine einsame Kirche mit Friedhof an einer Wegkreuzung im bayerischen Voralpenland.

**158**

Stille und das Licht der Sommersonne liegen über der Landschaft zwischen Aude und der Garonne in Frankreich. Der pflügende Traktor sieht aus der Höhe wie ein Spielzeug aus.

**159**

Ein Dorf in der Beauce in Frankreich. In der Weite der Landschaft wirken die Häuser dicht zusammengedrängt.

**160**

Wie die Farbflächen eines impressionistischen Gemäldes wirken diese Obstplantagen bei Toledo in der Hitze des spanischen Sommers.

**161**

Diese Gewächshäuser an der Costa del Sol in Spanien erscheinen aus der Luft betrachtet fast wie ein abstraktes Puzzle von gigantischen Ausmaßen.

**162**

Ein einsames Haus aus Feldsteinen inmitten rostroter, abgeernteter Weinanbauflächen im Aostatal in Italien.

**163**

Die Hügellandschaft der Langhe in Italien ist wegen ihrer vorzüglichen Weine bekannt. Viele tausend Hektar Land sind mit Reben bewachsen, deren Herbstfarben eine malerische Bildkomposition ergeben.

**164**
Die Landschaft bei Vercelli in Italien zeigt sich im Frühling von ihrer schönsten Seite, wenn die Reisfelder unter Wasser stehen und das Blau des weiten Himmels sich von Sonnenaufgang bis Sonnenuntergang in ihnen spiegelt.

**166**

In der Siena Crete in Italien gibt es viele alte Dörfer, Burgen und Klöster.

**167**

Nebel über den Hügeln des Appenin in der Emilia Romagna in Italien.

**168–169**

Die toskanische Landschaft mit ihren lieblichen Tälern und fruchtbaren Hügeln ist zu Recht berühmt für ihre abwechslungsreichen Kontraste.

**170**
Die geometrische Anlage und die geradlinig ausgerichteten Bäume der Olivenplantage in dieser tunesischen Oase bieten dem Betrachter aus der Luft einen einzigartigen Anblick.

**171**
Weit reicht der Blick über die sanft gewellte Hügellandschaft mit Obstbäumen bei Fes in Marokko.

**172**

Eindrücke aus der Gegend von Luxor in Ägypten. Bauern mit einem Eselkarren nähern sich einem Feld, um mit der Ernte des Zuckerrohrs zu beginnen.

**173**

Einen Anblick wie vor 4000 Jahren bietet dieses ländliche Anwesen zwischen Feldern und Palmen in der Nähe von Luxor in Ägypten.

**174**

Ländliche Siedlung in einem Flussbett in der Savanne von Tansania. Auch wenn es insgesamt auch noch so unwirtlich wirken mag, liefert dieses Ökosystem doch einen der aufregendsten Anblicke der Welt.

**175**

In der tansanischen Savanne funktioniert ein Dorf wie eine autonome landwirtschaftliche Kooperative. Allerdings sind die Ernteerträge so gering, dass sie durch Viehhaltung ergänzt werden müssen.

**176**

Unter der Gluthitze der Sonne wirkt die Ernte in der Tsavozone in Kenia fast wie vertrocknet. Der Boden ist für Ackerbau nicht besonders geeignet.

**177**

Wie von einem Riesen mit der Schere ausgeschnitten liegt diese Brache mit niedrigem Gestrüpp und Sträuchern zwischen zwei Anbauflächen östlich von Pretoria in Südafrika.

**178**

Regenfälle hinterlassen tiefe Spuren in den bewaldeten Hügeln nördlich von Antanarivo auf Madagaskar und spülen die dünne Humusschicht vom felsigen Untergrund.

**179**

Mosaikmuster aus Reisfeldern am Fuß des für das Landesinnere Madagaskars typischen Hochlands.

180
Die »Shepherds' Fields« nahe Bethlehem in Israel dienten einst als Weiden für Ziegen und Schafe, woher sich ihr Name ableitet. Heute werden hier Oliven angebaut, weil es rentabler ist.

181
Nahalal im Tal Jezreel in Israel wurde 1921 von Siedlern angelegt, die mit dem Gemeinschaftsleben im Kibbutz unzufrieden waren. Tatsächlich ist es ihnen gelungen, ihre eigenen privaten Gehöfte anzulegen.

**182**
Ein einsamer Bauer bei der Weizenernte auf einem Feld in Rajasthan, Indien.

**183**
Eine Gruppe von Bauern bei der Weizenernte auf einem Feld bei Fatehpur Sikri in Indien.

**184–185**
In dieser Landschaft im Südwesten Chinas bedecken Reisfelder jeden Quadratmeter. Die Hügel gehörten ursprünglich zu einem Karstgebiet.

**186–187**

Einen ungewöhnlichen Anblick bieten die terrassenförmig angelegten Reisfelder in den Hügellandschaften der Welt, vor allem in Asien, wie hier auf der Insel Bali in Indonesien.

# Ozeanien

**188**
**Bei genauem Hinsehen erweist sich diese »weiße Wolke« auf einem Hügel der Nordinsel Neuseelands als Schafherde, die vor Einbruch der kalten Witterung auf die wärmeren Talweiden getrieben wird.**

**189**
**Landschaft bei Little Swanport auf der zu Australien gehörenden Insel Tasmanien, auf der es riesige Farmen mit ausgedehnten Weideflächen gibt.**

**190**

Nebel wie hier über den Hügeln hinter dem kultivierten Tal von Honoka'a gehört zu den häufigen Erscheinungen auf der feuchtwarmen Insel Hawaii. Das Gebiet liegt in der Nähe des nicht aktiven Vulkans Mauna Kea.

**191**

Tarofelder am Eingang zum Hanalei Valley auf der hawaiianischen Insel Kauai. Das Talgebiet hinter den Gehöften ist aus Gründen des Umwelt- und Artenschutzes für den öffentlichen Verkehr gesperrt.

**192**
Intensiv betriebene Landwirtschaft und der Einsatz von Erntemaschinen sind verantwortlich für solch erstaunliche geometrische Muster in der Landschaft wie hier bei Yorktown in Kanada.

**193**
Die sanft geschwungenen Linien der Anbauflächen schaffen im südlichen Teil Wisconsins eine Atmosphäre ländlicher Schönheit.

**194**

Im Gebiet von Palouse im amerikanischen Bundesstaat Washington beleben weite Flächen fruchtbaren Bodens das Gelände.

**195**

Das Aussehen des Landes wechselt mit den Abschnitten seiner landwirtschaftlichen Nutzung. Diese Aufnahme über der Provinz Saskatchewan in Kanada zeigt die konzentrischen Ringe eines abgeernteten Feldes mit einer Baumgruppe im Zentrum.

**196**

Im Toole County, Montana, erstrecken sich die Weizenfelder bis an die Grenze zu Kanda weit in der Ferne.

**197**

Die Rotoren eines Windparks zur Erzeugung »sauberer« und nachhaltiger Energie werfen lange Schatten auf das Land nahe Livermore in Kalifornien.

**198 und 199**

Der Weinanbau in Kalifornien begann schon um das Jahr 1760. Etwa hundert Jahre danach gab es bereits über 50 Winzer im Napa Valley.

**200–201**

Zuckerrohr, das »kubanische Gold«, ist das Hauptprodukt im Tal de los Ingenios, wo im 19. Jahrhundert mehrere Zuckerraffinerien in Betrieb waren.

**202**

Das Gebiet von Neuquen in Argentinien erstreckt sich von den Pampas bis Patagonien. Hier weht ein beständiger Wind, der auf dieser einsamen Ebene auf keinerlei Hindernisse trifft.

**203**

Wo die Natur keine Vorkehrungen trifft, muss der Mensch eingreifen: Die Obstplantagen von Neuquén in Argentinien werden durch hohe »Zäune« aus schlanken Pappeln vor dem Wind geschützt.

# BERGWELTEN

## FLYING HIGH

**205**
Der Gipfel des Nuptse in Nepal (links);
der Mount Cook in Neuseeland (rechts).



Jedes Ökosystem, das sich der Mensch vorstellen kann, verfügt über eine subtile Kontinuität. Verständlicherweise waren die ersten Orte, die sich die ständig anwachsende Zahl der Menschen aneignete, die niedrig gelegenen. Der Mensch war von den Bäumen herabgestiegen und musste die Höhen allmählich wieder zurückgewinnen. Die Ebenen und Hügellandschaften ermöglichten das Gedeihen aller frühen Zivilisationen und Kulturen, die dann weiter vorstießen, um alle noch verbliebenen Lücken in Länge, Breite und Höhe auszufüllen.

Wenn während dieses langgwierigen Vorgangs der Expansion das Meer als der sterile Acker des Todes angesehen wurde, so galten die Gebirge als Reiche des Schreckens, als die Heimat der Götter, als ein Ort, den kein Mensch je betreten durfte. Aber ganz allmählich wurden auch diese verbotenen Tore unter den Zwängen des demografischen Drucks, der primären Antriebskraft jeglicher künstlich herbeigeführten Veränderung auf dem Planeten, geöffnet.

Die Hänge der Alpen und des Himalaja wurden im Lauf von Jahrtausenden der Natur abgerungen, genauso wie die Höhenlagen der Anden. Von Menschen, die ihren eigenen Lebensstil entwickelten, an andere Dinge glaubten und über andere Weisheiten verfügten als die Bewohner des Tieflands. Als die Umstände es dann erlaubten, schufen der Alpinismus und vor allem die Eroberung des Himmels die Voraussetzungen, die entlegenen Domänen der Gipfel der Erforschung, dem Handel, dem Sport, der Selbstbestätigung oder dem romantischen Zeitvertreib zu erschließen. Für das Hochland, das zugleich

**206**
Die untergehende Sonne enthüllt die Schönheit der italienischen Brentagruppe, des südlichsten Teils der Dolomiten, der jünger ist als die Bergmassive im östlichen Landesteil.

# Bergwelten

schattenhaft und gleißend ist, lassen sich verschiedene Typen unterscheiden. Da sind vor allem die »positiven« Berge, die sich durch eine Anhebung der Erdkruste als Folge der Kontinentalverschiebung gebildet haben. Zu dieser Gruppe gehören Gebirgssysteme verschiedenen Alters. Die ältesten sind zugleich auch die seltensten und meist niedrigsten, weil die Erosion länger Zeit hatte, an ihnen zu nagen und sie abzutragen. Die Kaledonische Orogenese legte die harte Seele dieser uralten Gebirge frei, in Schottland, die mit ihren respektablen 400 Millionen Jahren bei weitem ehrwürdigsten Berge, genauso wie in Asien nördlich des Himalaja und des Tibetischen Hochplateaus sowie in Afrika von Äthiopien bis Simbabwe. Vor 230 Millionen Jahren war dann die Hercynische Orogenese an der Reihe, die Erde in Ostaustralien sowie in Zentralasien, dem wahren Reservat der Kolosse, aufzufalten. Vor zwischen 70 und 15 Millionen Jahren schließlich verlieh die jüngste Orogenese, die der Alpen, der Erde die tiefen »Runzeln«, die heute ihre Stirn durchziehen.

Die Alpen und das Atlasgebirge, die Anden und die Rocky Mountains, der Himalaja und alle damit zusammenhängenden Gebirgsketten vom Hindukusch bis zu den Zagrosbergen sind das Ergebnis dieser späten Perioden von Auffaltungen und Verschiebungen auf der Planetenoberfläche.

Die Spannung zwischen oben und unten und der titanische Druck, der die Erdkruste anhob, werden deutlicher erkennbar, wenn man sieht, wie die harte Granitseele der Berggipfel, weit hinausgehoben in den Himmel über den höchsten Bergketten, oft von sedimentärem Kalkstein bedeckt ist, der sich am Grund inzwischen verschwundener Meere abgelagert hatte. Daher kommt es, dass die Gipfel der Welt, wie der Everest, eine horizontale Stratifikation aufweisen, die für Meeresklippen typisch ist.

Beim Überfliegen der Dolomiten kann man tatsächlich den Eindruck gewinnen, in einem disproportionierten Aquarium zu schwimmen, angefüllt mit Einkerbungen und Spitzen, oder in einem Meer aus sauberstem Wasser. Dieser Eindruck entspringt

# Bergwelten

nicht ausschließlich der Phantasie. Diese spektakulären Erhebungen sind tatsächlich gigantische Korallenriffe, die aus ihrem Zusammehang heraus in den Himmel geschoben wurden, untertauchten und schließlich wieder an die Oberfläche zurückkehrten. Die Dolomiten hingegen erscheinen im Gegensatz zu den anderen als viel »lieblichere« Berge, weil Eruptivgestein wie Granit und metamorpher Fels wie Gneiß hier selten vorkommen. Auf diese Weise haben die Gebirge, auch wenn es bei oberflächlicher Betrachtung ganz anders aussieht, sehr viel mit dem Meer gemeinsam. Es kommt nicht selten vor, dass man Ammoniten und versteinerte Korallen an den höchsten Stellen der Erde findet.

Das berühmte Saligram aus dem Himalaja, das für Amulette benutzt wird, besteht aus Muscheln von Meerestieren, die in dem alten Meer verschüttet wurden, aus dem dieser Gebirgszug sich vor 70 Millionen Jahren erhob.

Dann gibt es aus Sicht des Menschen die »negativen« Berge, die die Erosion aus dem flachen Land ausgeschürft hat wie Reliefs von kontinentalen Ausmaßen. Ein Beipiel ist das Hochplateau, das bei seinem Verschwinden vom Gesicht der Erde das teils zu Utah, teils zu Arizona gehörende Monument Valley zurückgelassen hat. Das Wadi Rum in Jordanien ist ein ähnlicher Fall.

Diese abgeschliffenen Berge enthalten oft, ganz im Gegensatz zu den gewachsenen, höchst erstaunliche Felsstratifikationen, in denen sich intensive Farben wie Rot, Gelb, Weiß und Purpur in Falten kombinieren, deren Formen unsere Vorstellungskraft übersteigen. Auch in diesem Fall liegen die Ursprünge im Meer. Der Sandstein, aus dem die amerikanischen Tafelberge, Schluchten und bizarr geformten Felstürme bestehen, ist das Ergebnis von Sandablagerungen auf dem Meeresgrund vor undenklich langer Zeit, wo das Wasser sie zurückließ, als die Dinosaurier noch am Anfang ihres Siegeszugs über die Erde standen.

Dann gibt es die aktiven Berge, die sich aus eigener Kraft erschaffen haben: Die Vulkane, die Magma und

Lava aus den Tiefen der Erde heraufziehen und sie über ihren Hängen ausschütten. Und mit welcher Energie sie das tun!

Es gibt wahrscheinlich kein natürliches Ereignis, das erschütternder und brutaler ist als ein Vulkanausbruch und in gewissem Sinn auch »göttlicher«. Tatsächlich verehrten viele Zivilisationen Vulkane als Götter. Die Inkas opferten ihnen, um sie gütig zu stimmen, Jungfrauen, deren Körper noch heute von Archäologen in den erstarrten Lavafeldern gefunden werden. Im gleichen Sinne heißt es von den Bewohnern Polynesiens, dass sie Jungfrauen in den Bauch der Erdgöttin hinabstießen, um sie zu besänftigen. 79 n. Chr. verlor Plinius der Ältere beim Ausbruch des Vesuvs sein Leben, als er das monströse und faszinierende Schauspiel aus der Nähe beobachten wollte.

Die Betrachtung eines Vulkanausbruchs aus der Luft ist ein angsteinflößendes Erlebnis. Andererseits löst das Bild brodelnder Rauchwolken, die Dutzende Kilometer in den Himmel steigen, sich über den Horizont neigen und seiner Krümmung folgen, hier und da erleuchtet von Blitzen und Fontänen fürchterlichen Feuers, nicht das gleiche Entsetzen aus wie bei der Beobachtung von der Erdoberfläche aus. Aber es entsteht ein Gefühl höchster Beunruhigung, wie eine unerbittliche angeborene Angst.

Zu den Vulkanen der Erde gehören einige der höchsten Berge, gemessen von ihrem Fuß bis zur Spitze, und es sind auch die jüngsten, oft instabilsten und ephemeren Vulkane. Der Mauna Kea auf der Insel Hawaii ist von der Stelle, wo die Hänge zum hochaktiven Gipfel anzusteigen beginnen, über 10 000 Meter hoch. Es ist auch interessant zu wissen, dass der Mauna Kea bis dicht unter die absolute Höhe ansteigt, die für einen Berg möglich ist. Das liegt an der Isostasie, einem Prinzip ähnlich dem des Schwimmens, auf dessen Grundlage kein Berg höher als zehn Kilometer werden kann, ohne in der zähflüssigen Schicht zu versinken, auf der die Kontinente treiben. Anak Krakata, der »Sohn des Krakatau«, stieg wie ein tödlicher Fluch empor, kaum dass sein »väterlicher« Vulkan 1883 in Rauch und Flammen verschwunden war, nachdem er auf der

# Bergwelten

halben Welt mit seinem Rumoren und dem von ihm ausgelösten Tsunami ungeheure Zerstörungen angerichtet und Entsetzen ausgelöst hatte. Bei seiner Geburt war er klein wie jedes Kind; heute ist er fast 450 Meter hoch und wächst immer weiter.

Berge werden oft mit menschlichen Idealen wie Dauerhaftigkeit und spiritueller Erhebung verglichen, aber in Wirklichkeit verkörpern sie das genaue Gegenteil. Sie brechen zusammen, werden neu geboren, verzehren sich selbst und verschwinden, führen plötzlich hinab in einen dunklen Abgrund. Der Prozess ist in vollem Gang und wird nur dann und wann angekündigt durch mehr oder weniger heftige Aufbäumungen der Erdkruste. Es ist nur eine Frage der Geschwindigkeit: Der Himalaja, die Alpen und die Rocky Mountains werden in den kommenden Jahrmillionen noch langsam weiter wachsen. Danach werden sie zerfallen und abbröckeln wie die Appalachian Mountains im Osten der Vereinigten Staaten und sich über die Ebenen verteilen. Auf der anderen Seite werden viele aktive Vulkane noch lange für große Überraschungen und erhebliche Erschütterungen sorgen.

Lässt man den Mythos der Intransigenz, der angeblichen Unverrückbarkeit der Berge beiseite, können wir die Bergwelt in all ihrer lebendigen Schönheit aus der Luft betrachten und neue Ähnlichkeiten zwischen ihr und den menschlichen Fähigkeiten entdecken. Die Welt verändert sich ständig auf allen Ebenen, worüber wir uns positive Gedanken machen können, gerade in einer Zeit wie der unsrigen, in der weitaus mehr Prinzipien in Frage gestellt werden. Wichtig ist, und das lehrt uns die Welt, dass die Veränderungen, und mögen sie noch so bestürzend sein, auf natürliche Weise herbeigeführt werden, wie bei den Bergen.

**212**

**Der majestätische Gipfel des Gletschers am Wilden Freiger in den Stubaier Alpen in Österreich erreicht eine Höhe von 3418 Metern.**

**213**

**Das Matterhorn ist einer der bekanntesten Berge der Walliser Alpen. Sein 4478 Meter hoher Gipfel liegt an der Grenze zwischen der Schweiz und Italien.**

**214 und 215**

Zwei Ansichten des 3970 Meter hohen Eiger in den Berner Alpen, auf dem linken Bild von einem Kranz aus Wolken umgeben, rechts mit Blick auf die 1800 Meter steil abfallende Nordwand.

**216**

Das Matterhorn oder Monte Cervino, wie die Italiener sagen, ist von allen Seiten bestiegen worden. Überall in den Wänden stößt man auf Seile, Leitern und Haken.

**217**

Die pyramidenförmige Spitze des Matterhorns ist unzugänglich, wie dieses Foto deutlich zeigt. Die Erstbesteigung des Bergriesen erfolgte 1865 durch den Engländer Edward Whymper.

**218**

Der höchste Gipfel des Monte Rosa, die Dufourspitze, erreicht eine Höhe von 4634 Metern. Der Legende nach stammt die Bezeichnung von der rötlichen Farbe, in der das Massiv im Morgenlicht und bei Sonnenuntergang erstrahlt.

**219**

Die Regina Margherita-Hütte auf der Gnifettispitze des Monte Rosa-Massivs ist mit 4554 Metern die höchstgelegene Bergunterkunft in Europa.

**220**

Der Dent du Géant ist einer der spektakulärsten Gipfel des Montblanc-Massivs.

**221**

Der Montblanc ist der höchste Berg der Alpen. Das Massiv bildet die Grenze zwischen Italien und Frankreich, aber der 4807 Meter hohe Gipfel liegt auf französischem Gebiet.

**222–223**

Seit seiner Erstbesteigung im August 1786 spielte der Montblanc eine bedeutende Rolle im Alpinismus. Tausende Bergsteiger aus der ganzen Welt wählen ihn Jahr für Jahr als Ziel ihrer Touren.

**224**

Die Droites sind ein Gipfel des Montblanc-Massivs mit einer Höhe von 4000 Metern. Die Bezwingung der Nordwand gilt als einer der schwierigsten Aufstiege in den Alpen.

**225**

Die gewaltigen Gipfelkämme des Montblanc stellen selbst erfahrene Bergsteiger vor große Schwierigkeiten.

**226 und 227**

Die Brenta-Dolomiten in Südtirol-Trient, Italien, konnten ihre ursprünglichen Felsformationen und schlanken Zinnen erhalten, die anderswo in den Dolomiten von der natürlichen Erosion durch Wind, Regen und Eis umgestaltet wurden.

**228**

Die Brentagruppe in den Dolomiten verläuft auf einer Länge von 40 Kilometern von Norden nach Süden. Das Gebiet gehört heute zum Nationalpark Brenta Adamello.

**229**

Die Catinaccio-Gruppe, auf deutsch »Rosengarten«, in Südtirol-Trient besteht aus einer faszinierenden Aneinanderreihung von Gipfeln und Felstürmen.

**230**

Die 3181 Meter hohe Sellagruppe, auf italienisch Sassolungo, im Grödner-Tal in den Südtiroler Alpen, Italien, wurde von Paul Grohmann, F. Innerhofer und P. Salcher 1869 als Erste bestiegen.

**231**

Die bis 3342 Meter hohe Marmoladagruppe in den italienischen Dolomiten verläuft auf einer Länge von etwa 30 Kilometern und 15 Kilometern Breite von Ost nach West. Die höchsten Erhebungen sind die Penta- und Rocca-Spitzen.

**232**
**Ungewöhnlicher Anblick des Kraters auf dem Vulkankegel Kibo, eines erloschenen Vulkans des Kilimandscharo, der mit 5895 Metern Höhe als der höchste Berg in Tansania und in ganz Afrika gilt.**

**233**
**Der Doinyo Lengai in Tansania ist ein gewaltiger Vulkan über dem Ostafrikanischen Graben, dessen Name in der Sprache der Massai soviel wie »göttlicher Berg« bedeutet.**

**234 und 235**
Der Mount Everest (links) und der Nuptse (rechts), zwei der eindrucksvollsten Gipfel des 2500 Kilometer langen Himalaja.

# Asien

**236 und 237**

Der K2 an der Grenze zwischen Pakistan und China ist mit 8611 Metern der zweithöchste Berg der Welt. Er wurde 1954 von einer Expedition italienischer Bergsteiger das erste Mal bestiegen.

**238–239**

Der auf der nepalesisch-chinesischen Grenze gelegene Mount Makalu ist mit 8463 Metern der fünfthöchste Berg der Welt.

**240**

Die letzten Strahlen der untergehenden Sonne beleuchten die Cholatse Mountains (6440 Meter) und den Taweche (6542 Meter) in Nepal.

**241 links**

Ama Dablam, was soviel wie »Mutter aller Juwelen« bedeutet, ist ein heiliger Berg südlich des Mount Everest in der nepalesischen Region Khumbu.

**241 rechts**

Mit 6600 Metern überragt der Tramserku das überwiegend gebirgige Gebiet des Khumbu in Nepal.

**242**

Nach seiner Erstbesteigung 1961 wurde der ungewöhnlich scharfe Kamm des Ama Dablam in Nepal zum wahrscheinlich bekanntesten Gipfel neben den Achttausender-Kolossen.

**243**

Bei Sonnenuntergang wirkt der Annapurna, dessen Bezeichnung aus dem Sanskrit stammt und »Göttin der Ernte« bedeutet, noch bezaubernder.

**244 und 245**
Ein wahres Prunkstück unter den kanadischen Nationalparks ist der Kluane-Nationalpark mit einer Ausdehnung von 21 980 Quadratkilometern. Hier liegt auch der 5959 Meter hohe Mount Logan, der höchste Berg in Kanada.

**246**
Der Big-Russell-Gletscher in Alaska liegt in den St. Elias Mountains, dem höchsten Küstengebirge der Welt.

**247**
Die Wrangell Mountains im südöstlichen Teil Alaskas sind ein Ausläufer der St. Elias Mountains. Die Gipfel der Gebirgskette erreichen im Durchschnitt Höhen über 3600 Meter.

**248 und 249**

Der Mount Wrangell in Alaska ist ein mit Eis bedeckter Vulkan, der zum letzten Mal 1907 aktiv war. Heute wird er von den amerikanischen Streitkräften zu Forschungs- und Studienzwecken genutzt.

**250 und 251**

Das Columbia Icefield liegt an der Grenze zwischen dem Banff- und dem Jasper-Nationalpark in Kanada. Mit einer Fläche von 325 Quadratkilometern bildet es die größte Schnee- und Eisfläche südlich des Polarkreises.

**252 und 253**

**Zwei Aufnahmen der Selway Mountains, einer kleinen Gruppe von Gipfeln und Steilwänden im Norden Kanadas nahe den Northwest Territories.**

**254 und 255**

Zwei atemberaubende Ansichten des Mount St. Helens und des Lava Dome im amerikanischen Bundesstaat Washington. Ausströmende Gase und Dämpfe verraten, dass der Vulkan noch aktiv ist.

**256**

Der Sonnenaufgang über den verschneiten Gipfeln der San Juan Mountains im Südwesten des Bundesstaates Colorado zaubert eine geradezu unwirkliche Lichtstimmung.

**257**

Mount Rainier im Bundesstaat Washington ist ein aktiver Vulkan mit einer Höhe von bis zu 4392 Metern und jedes Jahr Anziehungspunkt für Tausende von Bergsteigern.

**258–259**
Die Elk Mountains im Bundesstaat Colorado unter den ersten Strahlen der aufgehenden Sonne, die den Gebirgszug in rotes Licht tauchen.

**260**

Mount Whitney im Sequoia-Nationalpark in Kalifornien ist ein populäres Ausflugsziel für Touristen und einer der bei Bergsteigern beliebtesten Berge der Sierra Nevada.

**261**

Die Sierra Nevada erstreckt sich auf 640 Kilometern Länge von Norden nach Süden durch den Bundesstaat Kalifornien. Die anhaltende Erosion des Gebirgszugs hat Täler von malerischer Schönheit geschaffen, die auf der ganzen Welt berühmt sind.

# FLYING HIGH DIE WELT

**262**

Der Half Dome im Yosemite-Nationalpark in Kalifornien ist bis zu 2695 Meter hoch. Eine Hälfte seiner Kuppel soll nach der letzten Eiszeit zusammengebrochen sein.

**263**

Der Gipfel von El Capitan im Yosemite-Nationalpark ist der gewaltigste Monolith in den Vereinigten Staaten und ein Anziehungspunkt für zahlreiche Bergsteiger.

**264 und 265**

Der Cotopaxi in Ecuador, ein Stratovulkan, erreicht eine Höhe von bis zu 5911 Metern und war von 1738 bis heute fünfzig Mal aktiv.

**266**
**Der Cerro Torre an der Grenze zwischen Chile und Argentinien überragt alle anderen Gipfel in Patagonien.**

**267**
**Wolken über dem Gipfel des Mount Fitz Roy in Patagonien, der von den Einheimischen »El Chalten« genannt wird.**

**268**
Die stark zerklüftete Gipfelkette der Anden in Patagonien durchdringt die dichte Wolkendecke, die bis zum Horizont reicht.

**269**
Ein von Eis bedeckter Andengipfel ragt in den blauen Himmel über Patagonien in Chile.

**270**
Die Southern Alps sind die mächtigste und höchste Bergkette auf Neuseeland. Der erdgeschichtlich noch verhältnismäßig junge Gebirgszug wächst allmählich immer weiter in die Höhe.

**271**
Die aufgehende Sonne erzeugt magische Lichterscheinungen und Schatten auf dem Mount Cook, dem höchsten Gipfel Neuseelands (3754 Meter), wo häufig heftige Schneestürme auftreten.

# GRÜNE LUNGEN DER WELT

## FLYING HIGH

273
Waldgebiet bei Arrowtown in Neuseeland (links); die kanadische Taiga in der Umgebung von Fairbanks (rechts).



Der Wald verteilt sich wie auch das Meer auf mehr als eine sichtbare Ebene. Es gibt ein »Unten« und ein »Oben« in den großen Wäldern der Welt. Wie die Oberfläche des Ozeans, der zwei Welten trennt, die so unterschiedlich sind wie Luft und Wasser, oder wie die äußere Atmosphäre und die sich verdichtende Leere des Weltalls. Ein beispielsweise für das Amazonasbecken vorgeschlagener Vergleich mutet besonders extrem an: Manche setzen ihn einem grünen Inferno gleich, der Unterwelt oder dem Hades. Zumindest ein Kern an Wahrheit, wenigstens im Verständnis aller jener, die nicht im Wald geboren wurden, lässt sich nicht verleugnen: »Spinnen fressende Vögel und Vögel fressende Affen« sind das Beste, worauf man nach einer Notlandung inmitten dieser von mächtigen Bäumen bedeckten, unvorstellbaren Ausdehnung von Land hoffen kann, wie Nick Nichols, ein Landschaftsfotograf für National Geographic, es formulierte. Die untere Ebene erscheint uns menschenfeindlich. Aus der Luft betrachtet wirken die Taiga, die Wälder des Kongo und von Queensland sowie die gewaltigen Flächen von Koniferen in Kanada wie weit entfernte Ozeane. Gesprenkelt mit »Inseln« wie das Plateau in Venezuela, vom dem sich die Angel Falls – die von einem amerikanischen Forscher und Flieger 1930 entdeckten höchsten Wasserfälle auf diesem Planeten – 1000 Meter tief ins Leere ergießen, oder den grünen Kuppeln aus dem Laub der höchsten Baumriesen.

Aus der Luft bietet das Amazonasgebiet einige der eindrucksvollsten Anblicke der Welt. Schon allein wegen seiner Größe erinnert das ausgedehnteste und leider auch bedrohteste Waldgebiet des Globus beim Über-

274
Die Insel Rubondo ist ein »schwimmender Naturpark« auf dem Viktoriasee in Tansania. Das Schutzgebiet lässt sich nur auf dem Luftweg erreichen und mit Booten erkunden.

# Grüne Lungen der Welt

fliegen an einen Ozean. Die Angst vor den geheimnisvollen Tiefen unter einem ist unvermeidlich. Dann nimmt man einen grellen Ton wahr, dessen Echo zwischen den Jahrhunderte alten Bäumen schwingt. Immer größere Lichtungen im Mantel des Urwalds geraten ins Blickfeld, der die vergangenen 80 Millionen Jahre völlig intakt war und das Becken des Amazonas bedeckte, aber auch das Tal des Kongo und tausender kleinerer Flüsse in Sumatra, Borneo und Neuguinea. Der berühmte Trans-Amazonas-Highway schneidet eine schnurgerade Schneise durch tausende von Kilometern Wald: Ein erstaunlicher Anblick zwar, für die Umwelt allerdings verheerend.

Es gibt zwei Hauptarten von Wäldern: tropische und gemäßigte. Beide erweitern ihren Raum, wenn sie auf keine Widerstände stoßen, und füllen jede Leere, wo die Bedingungen des Bodens und des Klimas günstig und keine menschlichen Niederlassungen sind.

Diese Tendenz ist deutlich zu erkennen: Man denke nur an die präzise Grenzlinie zwischen den Wäldern Oregons und den Wüsten im Osten, die sich auf den Gebirgskämmen entlangwindet. Auf der einen Seite herrschen die Wälder; aber schon einige Schritte weiter gedeiht kein Grashalm mehr.

Gemäßigte Wälder wie die sibirische Taiga sind in diesem Sinn die eindrucksvollsten. Sie bilden einen gewaltigen Fluss aus hohen und schlanken Koniferen – zwischen denen oft gerade genug Platz ist, um auf die Schneefelder oder Prärien lange Schatten zu werfen –, der sich über Nordasien zwischen den breiten Ufern der Tundra auf der einen und der kontinentalen Wüste auf der andern Seite hinzieht. Nicht weniger bemerkenswert sind die ausgedehnten gemäßigten Laubwälder im Osten der Vereinigten Staaten, die oft aus Urwäldern bestehen, die noch keines Menschen Fuß betreten hat, angefüllt mit Ahorn, Buche, Birke, Kastanie und Eiche. Alle diese Bäume lassen die uralten Gebirge östlich der Great Plains im Herbst in einem flammenlosen Feuer erstrahlen, das sich über die Hänge der seichten Täler ausbreitet.

Im Schwarzwald beginnt die Färbung schon ganz oben, wo die Koniferen wachsen, deren Dunkelgrün so

# Grüne Lungen der Welt

intensiv ist, dass es das Licht der Sonne verschluckt. Man versteht, warum die Zwerge und Hexen aus Grimms Märchen sich dorthin zurückzogen, weit weg von den Menschen, in diese dunklen Bereiche, als der Wald noch viel, viel größer war. Schnurgerade Straßen schneiden in diese Dunkelheit ein, erstrecken sich durch ein Gebiet, das durch raumgreifende Biegungen nicht verletzt werden darf. Lichtungen öffnen sich wie Inseln in einem vertieften Relief inmitten dieser See aus duftendem Harz.

Ein etwas »häuslicherer« Aspekt charakterisiert die Wälder der schon vor langer Zeit kolonisierten Landschaften wie in Devon und Wiltshire in England oder in den großen Waldgebieten Frankreichs und Deutschlands. Sie werden in gewissem Sinn von der Zivilisation belagert, sind aber noch groß genug, um als »grüne Lungen« Europas zu gelten. Der Bundesstaat New Hampshire im Nordosten der Vereinigten Staaten bietet einen Fächer aus Hügeln mit üppigen Hängen, die ebenso luftige Täler voneinander trennen, deren Alter 200 Millionen Jahre beträgt. Das gesamte Gebiet ist leer bis auf die sanften, sich meilenweit fortsetzenden Biegungen des Saco River. Jeder Fußbreit Boden seiner Ufer und der Landschaft im Tal ist gesäumt von wilden, aber gebändigten Wäldern. Ordnung, »mundus«, herrscht überall in den besiedelten wie in den ursprünglichen Gebieten. Auf eine perfekt natürliche Weise integriert, fast als hätte man alles arrangiert, um eines der stillsten Panoramen zu erzeugen.

Das vertraute Bild des Waldes, an das wir uns gewöhnt haben, offenbart sich selbst in den bizarren Gestalten der riesigen Rhododendronsträucher, die auf den Südhängen des Himalaja wachsen, gemeinsam mit den bis zu 60 Meter hohen Deodarzedern (bis in Höhen von 2000 bis 3000 Metern) sowie anderen Koniferen, und weiter unten in einer blättrigen Population aus Feigen, Eichen und Buchen. Das alles findet man am Fuß oder in den Falten dieser hochgelegenen Wüsten, auf denen Sonne, Wind, Eis und Fels die einzigen natürlichen Elemente sind, mit denen die Vegetation zurechtkommen muss. Eigentlich bieten diese Orte wegen ihrer Höhenlage normalerweise nur

# Grüne Lungen der Welt

Brachland. Aber dank des milden Klimas und begünstigt von der Feuchtigkeit aus den Ebenen Nordindiens, gedeiht hier eine Art asiatische Schweiz. Lichte Waldungen leiten über zu weiten Weideflächen, durchsetzt mit Herden, welligen Hügeln und Steindörfern, über denen Fahnen flattern, die der »Heimat des Schnees« Gebete darbringen.

Die Undurchdringlichkeit der Wälder, die man von oben viel besser einschätzen kann als auf dem Boden, hat seit Jahrtausenden ihr Überleben gesichert und das der in ihnen lebenden Populationen, menschlicher wie nichtmenschlicher. Die Wälder, Orte des Mysteriösen, der Druidenaltäre und Hexensabbate, haben ihre Geheimnisse über lange Zeit bewahren können. Erst seit kaum zwei Jahrhunderten wissen wir, dass wir alle auf die Wälder angewiesen sind, um atmen zu können. Bevor es der Wissenschaft gelang, Klarheit in die lebenswichtigen Zusammenhänge zwischen uns und der Pflanzenwelt zu bringen, waren das Einzige, was uns Respekt vor ihr beibrachte und uns auf Abstand hielt, die angeborenen Ängste, Tabus und die Gänsehaut, die uns überzog, wenn wir uns an alte Mythen und Märchen erinnerten.

Heute liegen die Dinge umgekehrt: Wir wissen, wollen aber nicht wahrhaben, dass die Wälder verschwinden. Lasst sie uns also beobachten, sie studieren und daran denken, dass beim Überfliegen des Amazonas in einigen Jahren – vielleicht in zehn bis 15 Jahren, sofern sich nichts ändert – unten eine von uns verschuldete Leere klaffen wird.

**278**
Farbenprächtige Herbststimmung in den Laub- und Mischwäldern von New England im Nordosten der Vereinigten Staaten.

**280 und 281**
**Durch den Nationalpark Oulanka in Finnland fließt der Kitka mit seinen Stromschnellen, Strudeln und spektakulären Wasserfällen.**

**282**

Im finnischen Winter sind die Wälder entlang des Kitkajoki tief verschneit. Der Fluss entspringt im Kitkkajarvisee und ergießt sich ins Weiße Meer.

**283**

Ein Wald im Gebiet von Oulanka in Finnland. Die Schattenspiele auf dem Schnee scheinen die Anzahl der Bäume fast zu verdoppeln.

**284–285**
Die dichten Wälder im Hochland von Buskerud in Norwegen werden von Flüssen und Seen durchzogen.

**286**

Die Nadelwälder auf dem schottischen Hochland sorgen für das ökologische Gleichgewicht der Region. Zudem sind sie ein bedeutender Wirtschaftsfaktor und Anziehungspunkt für den Fremdenverkehr.

**287**

Die Wälder an den Ufern des Lossie River in Schottland sind die Heimat zahlloser Vogelarten und ein beliebtes Ausflugsziel für Naturfreunde.

**288 und 289**

Prächtiger Panoramablick über den Kellerwald-Nationalpark in Nordhessen. Wälder, Flüsse und grüne Täler wechseln einander ab und erfüllen die Landschaft mit einer lebendigen, natürlichen Schönheit.

**290–291**

Jenseits der Laubbäume und Lärchen im Tal von Valmalenco in der Lombardei zieht sich der Nadelwald bis auf eine Höhe von 2000 Metern an den Berghängen hinauf.

292
Das Naturreservat von Uccellina in der Toskana ist ein kostbares Mosaik aus vielen Landschaften, die vorwiegend von duftenden mediterranen Strauchgewächsen beherrscht werden.

293
Die süditalienischen Nadelwälder wie hier zwischen Salerno und Paestum bestehen hauptsächlich aus mediterranen Schirmkiefern mit ihren charakteristisch weit ausladenden Baumkronen.

**294 und 295**
Die Schluchten von Diosso bilden eine Art Riff inmitten der Wälder. Die Zerklüftungen sind das Werk der ständigen Erosion, die mit den Meereswellen begann und die der Wind fortsetzte.

**296**

Das Naturschauspiel der dichten Wälder am Viktoriasee in Tansania hat schon Generationen von Forschern wie Burton, Speke, Grant, Baker und Livingstone fasziniert.

**297**

An den Ufern des tansanischen Viktoriasees wechseln sich riesige Waldgebiete mit immergrünen Bäumen und Sümpfen ab.

**298**

In den Wäldern von Madagaskar gedeiht eine besondere Art des Baobab-Baums mit mächtigen Stämmen und gefiedertem Laub.

**299**

Auf den Seychellen wachsen einzigartige Pflanzen, die zahlreiche Besonderheiten aufweisen. Das Wahrzeichen der Inseln ist die Kokospalme mit der Bezeichnung »Maldivia«, deren Früchte bis zu 25 Kilogramm wiegen.

**300**
Im Herbst leuchten die dichten Wälder im Tal des Xi Jiang in China in warmen Erdtönen.

**301**
Jedes Jahr im Oktober besuchen Scharen von Touristen die Parks in der chinesischen Region Miyaluo, um die rot verfärbten Ahornwälder zu erleben.

**302**
Üppige Regenwälder sind wichtiger Teil des Ökosystems der Western Ghats Mountains, einer Gebirgskette in der indischen Region Tamil Nadu.

**303**
Irian Bariat, der unter indonesischer Verwaltung stehende Westen Neuguineas, ist von dichten Wäldern bedeckt, die fast 300 Meter in die Berge hinaufreichen.

**304**
**Auf Frazer Island in Queensland gedeiht eine vielfältige Flora: Regenwälder wechseln ab mit Seen und sandigen Flächen.**

**305**
**Ende der 1970er Jahre wurden die beeindruckenden Kalksteinformationen des tasmanischen Precipitous Bluff in den Southwest-Nationalpark aufgenommen.**

**306**
Im kanadischen Altweibersommer von September bis Oktober tragen die Laubbäume bei Charlevoix ihr buntes Herbstkleid.

**307**
Durch die kanadische Gebirgskette der Laurentiden mit ihren 4500 Seen und ineinander übergehenden Waldgebieten fließt der Sankt-Lorenz-Strom, nach dem das Gebirge benannt ist.

**308**

Das Landesinnere von British Columbia in Kanada besteht überwiegend aus Nadelwäldern, die eine Fläche von 15 Millionen Hektar bedecken.

**309**

In der kanadischen Provinz Manitoba erreichen die Waldgebiete, in denen hauptsächlich Nadelbäume wachsen, eine Ausdehnung von 26,3 Millionen Hektar.

**310 und 311**

Die beiden Aufnahmen von New England im Nordosten der Vereinigten Staaten zeigen die Farbenpracht, in der die Laubwälder im Herbst erstrahlen, wenn die Carotinoide der Blätter in ihren charakteristischen Färbungen von Gelb, Rot und Purpur hervortreten.

**312**

Der Bergrücken des Marcellina Mountain erhebt sich über die Nadelwälder im Gunnison County in Colorado.

**313**

Der Nationalpark Grand Teton in Wyoming liegt mitten in den Rocky Mountains und ist mit grünen Nadelwäldern bedeckt.

**314 und 315**

Das Hochland von Auyantepui mit dem Teufelsberg liegt in Venezuela in einem unzugänglichen und urwüchsigen Urwald.

**316–317**

Große Gebiete von Südamerika sind mit riesigen Regenwäldern bedeckt. Auf diesem Foto kreuzt der Hochwasser führende Rio Conaco den Ox-Bows River in Ecuador.

**318**

Dank der dichten Regenwälder und der Küsten, an denen grüne Schildkröten ihre Eier ablegen, ist das Naturreservat Tortuguero in Costa Rica ein bedeutendes Ökosystem.

**319**

Das Amazonasgebiet in Brasilien ist mit seinen Regenwäldern eine der »grünen Lungen« der Erde. Von den hier lebenden Pflanzen- und Tierarten ist erst ein geringer Prozentsatz wissenschaftlich klassifiziert.

**320 und 321**
**Der Lanin-Nationalpark in Argentinien dient der Erhaltung der einheimischen Pflanzenwelt Südamerikas, darunter einer immergrünen Buche, deren Laub sich im Herbst rot färbt.**

# KREISLAUF DES WASSERS

## Flying High

**323**

Tümpel schwefelhaltigen Wassers im Yellowstone-Nationalpark (links) und der an doppelkohlensaurem Natron reiche Natronsee in Tansania (rechts).



Tibet, das Dach der Welt, verdient diese Bezeichnung wegen der Geradheit des Terrains und seiner Höhenlage, eben wie ein ordentliches Dach. Auf einer Höhe zwischen 3000 und 5000 Metern erstreckt sich eines der ausgedehntesten Hochgebirge des Planeten wie eine riesige Bergflanke, nach Ost-Nordost hin leicht geneigt, Richtung Ost- und Südasien, wobei es enorme Mengen frischen Wassers von den großen Gletschern und den ewigen Schneefeldern einsammelt. Auf weniger spektakuläre Weise erfüllt alles über Wasser liegende Land die gleiche Funktion. Ob kleine und große Inseln oder Kontinente, alle wirken als Wasserscheide. Sie empfangen Milliarden von Tonnen Frischwasser aus der Verdunstung der Ozeane in Gestalt von Wolken und Regen. Aus dem Herzen, besser gesagt aus dem Rückgrat der Gebirge entspringen die blauen gewundenen Adern der Flüsse, die Väter oder Mütter – je nach Kultur – ganzer Zivilisationen waren, von denen sich viele noch über diesen Planeten ausbreiten. Der ewige Kreislauf des Wassers aus dem Meer aufs Festland und zurück ins Meer funktioniert wie ein Rad, indem zuerst Regen entsteht, dann Hochgebirgsseen, die sich zu Wasserfällen verengen und mit der Energie einer Urkraft wie im Yellowstone oder in majestätischen Flüssen wie dem Mississippi, Nil oder Amazonas Schluchten und Ebenen durchqueren, die noch mehr Wasser sammeln, bevor sie wieder ins Meer fließen. Vom Himmel herab betrachtet bilden sie weithin sichtbare Formen von Schönheit.
Die großen Gewässer des Manasarowarsee in Tibet, der Bamianseen in Afghanistan und des Titicacasee in Peru und Bolivien sind ihren kaum sichtbaren Quellen

**324**

Blick auf den Colorado River in Utah.

**328**

Außerhalb der Stadt Bolivar in Venezuela vereinigen sich zwei Flüsse von unterschiedlicher Farbe.

# Kreislauf des Wassers

verhältnismäßig nahe: Die umliegenden Gebiete aus gelber Erde und Fels gehören zu den trockensten unter der Sonne. Die Seen fangen hier das Blau des Himmels ein und übertragen es auf die Erde. Wie Spiegel, die die höchsten Schichten der Atmosphäre reflektieren. So, wie alle kleinen Bergseen es tun, die an den höchsten Stellen der Welt von den Gletschern zurückgelassen wurden, sowie einige fragwürdige künstliche Wunderwerke wie Lake Powell in den Vereinigten Staaten und der Nassersee in Ägypten. Von oben betrachtet ist in den beiden letzten Fällen der Anblick der gleiche: tiefes Blau füllt den Grund uralter gefluteter Täler, die ringsum nahezu ausgetrocknet sind.

Steigt man ins Tal hinab, wo die Erdkruste den Gräben und Platten der Kontinente entsprechende Stufen geschaffen hat, erreichen offenen Gewässer den Höhepunkt ihrer Kraft. Prächtige natürliche Amphitheater, verborgen unter Hunderttausenden Kubikmetern Wasser, die pro Sekunde herabfallen, bilden die Becken der großen Wasserfälle des Planeten. Oft ist es nicht die Höhe, die eindrucksvolle Schauspiele bietet: Wie bei den »niedrigen« Niagarafälle zu sehen, genügt ein Absturz aus etwa 30 Metern, um ein flüssiges Inferno von beklemmender Kraft zu erzeugen. Die Viktoriafälle am Sambesi gleichen einem Vorhang aus Wasser. Auf 1700 Metern der breiteste der Welt, dessen gesamte Ausdehnung man nur wahrnimmt, wenn man sich genau über der Kante befindet, und dessen Donnern kilometerweit die Luft erfüllt. Es lässt sich schwer sagen, welche Fälle die eindrucksvollsten sind, die »gedrungenen« oder die schlanken Wassersäulen, die den Höhenrekord halten. Letztere sind zumindest eindeutig die schwindelerregendsten, wie zum Beispiel die Angel Falls in Venezuela (948 Meter), die Tugelafälle in Südafrika (948 Meter) oder die Dutzende von »extremen« Fällen auf Hawaii wie der Olo'Upenal, der mit 900 Metern dritthöchste Wasserfall der Welt. Der Rekord wird bei den Wasserfällen allerdings von den beiden Amerikas und Norwegen gehalten, wo die Kaskaden aus 700 bis 800 Meter langen Schleiern bestehen, weiße Bänder zwischen den wild zerklüfteten Tälern und dem tiefen Blau der Fjorde.

# Kreislauf des Wassers

Wo die Ebenen die Flüsse zu einem trägen Lauf zwingen und sie mit ihren Windungen und Schleifen ermüden wie beim Missouri, Mississippi, dem Jenesei in Sibirien oder dem Chian Yang (Blauer Fluss) in China, genügt der kleinste Höhenunterschied, um ausgedehnte Süßwasserseen entstehen zu lassen. Einer Diagonale über die Erdkugel folgend, von den kanadischen Northwest Territories bis hinüber nach Michigan, zieht sich ein Streifen, auf dem Wasser und Festland sich das Recht streitig machen, die Oberfläche zu beherrschen und in der Sonne zu sein. Tundra und Birkenbäume weichen dem Großen Bärensee, Nadelwälder umarmen den Athabasca und Winnipeg, und im Michigansee spiegelt sich die Skyline Chicagos.

Einen außergewöhnlichen Anblick bietet der Große Sklavensee, wo die Hänge des über Wasser liegenden Landes sich tiefer hineinstrecken entlang des allgemeinen Weges des Wassers. Die Beschaffenheit des Geländes und die geringe Höhe, ähnlich wie auf dem Grund eines Beckens, fangen das Wasser auf, bilden labyrinthische Sümpfe, eine Art temporäre und chaotische Verschmelzung von Land und Fluss. Die Sumpflandschaft ist eine der verwirrendsten für Wesen wie wir, die symmetrische Formen schätzen und daran gewöhnt, aber auch dazu gezwungen sind, alles in ihrer Umgebung nach Möglichkeit im Griff zu behalten. Ausgedehnte Sümpfe bilden oft die Mündungen der Flüsse oder liegen am Grund gewaltiger hydrogeologischer Senken und bieten aus der Luft einen fremdartigen Eindruck, der ganz anders ist als unser ängstliches Streben nach Kosmos, nach »Ordnung«. Diese grandiose Komplexität wird in verschiedenen Teilen der Welt erkennbar. Das Etikett »See des Grases«, das Floridas grenzenlosen Everglades anhaftet, ist ein anschauliches Beispiel dafür: In dieser flachen, undurchdringlichen Weite zäher, meterhoher Gräser sind Pflanzen und Wasser nicht voneinander zu trennen. Das ideale Rückzugsgebiet für Dutzende von Tierarten, die anderswo längst ausgestorben sind. Andererseits wird diese Beschreibung dem Baldachin aus Mangrovenbäumen nicht gerecht, unter dem sich Kanäle, Sümpfe und schattige Tümpel verbergen.

# Kreislauf des Wassers

Das Nildelta war schon immer dafür berühmt, schwer zugänglich zu sein. Gefürchtete Götter wie Seth, der Mörder des Osiris, hatten hier in den dichten Papyrussümpfen, die sich dem Vordringen des Menschen entgegenstellten, ihre Behausungen. Die Hawaii-Inseln – deren Umweltzerstörung in den zurückliegenden Jahren etwas zurückgegangen ist, seit man festgestellt hat, dass der Reichtum an Endemiten auf diesem weiterhin im Wachsen begriffenen Archipel von völliger Ausrottung bedroht ist – beherbergen hochgelegene Marschlandschaften und Moore. Die hohe Luftfeuchtigkeit erzeugt in den Gebirgstälern große Sumpfgebiete und bildet fragile »Gewächshäuser« für eine Reihe von einzigartigen Tier- und Pflanzenarten.

Neben Flussmündungen und Sumpfgebieten gibt es eine besondere Art von Delta, das mit riesigen Überschwemmungsgebieten zusammenhängt. Keinen See, sondern fast schon ein Meer sammelt das träge Wasser des afrikanischen Okawango. Bevor es aufgenommen wird, verteilt sich das Wasser über die Ebenen und überflutet sie auf weite Strecken. Dadurch bildet sich eine der größten Marschlandschaften der Erde. Manchmal sieht man von oben herab schwarze Wasserwege, die von den Flusspferden durch die Vegetation der labyrinthartigen Kanäle zwischen den grasbewachsenen Inseln gezogen wurden.

An dieser Stelle verlässt der Kreislauf des Süßwassers vorübergehend das Festland, um ins Meer zurückzukehren und Salz aufzunehmen, das es beim Verdunsten abgegeben hat. Dann steigen unter Einwirkung der Sonne die Dämpfe wieder von der Oberfläche des Ozeans auf, schweben wie weiße Galeonen hinüber zu den Kontinenten und kondensieren zu Regen. Und auf dem Dach der Welt beginnt dann das Rad, das alles Leben auf der Oberfläche des Planeten nährt, eine weitere Umdrehung.

# Europa

**330 und 331**

Der Fluss Pjorsa ist der längste Wasserweg Islands. Die eigenartige Färbung stammt von Mineralien, die das Wasser aus dem felsigen Flussbett schürft.

**332**

Obwohl der Lauf des Oulanka am Polarkreis entlangführt, sind die Ufer dicht mit grüner Vegetation bewachsen.

**333**

In der Junisonne werfen die Nadelbäume lange Schatten auf die Oberfläche eines Bergsees in der finnischen Region Kuusamo, nahe dem Polarkreis.

**334**

Lough Gill in der irischen Grafschaft Sligo beheimatet eine große Zahl verschiedener Fischarten, darunter Forellen und Lachse.

**335**

Lough Ree im Herzen der irischen Insel ist eine Erweiterung des Shannon River. Das Ackerland an seinen Ufern ist sehr fruchtbar.

**336**

In British Cumbria, nördlich von Lancaster, liegt der Lake District, ein weites Seengebiet mit dem Derentwater, eine der größten Wasserflächen Großbritanniens.

**337**

Eines der Wahrzeichen Englands ist die Themse, hier in der Gegend von Swinford Bridge. Der Fluss ist nicht sehr lang, aber fast durchgehend schiffbar.

**338**

Eine Reihe künstlich angelegter Becken zum Verdunsten von Salzwasser in der Camargue in Südfrankreich.

**339**

Der 240 Kilometer lange Canal du Midi in Südfrankreich verbindet Toulouse und den Atlantik mit dem Mittelmeer bei Sète.

**340–341**

Die Fischzuchten in der Lagune von Venedig bestehen aus einem von Erdwällen umgebenen Teich, dessen Wasser durch Kanäle geleitet und ausgetauscht werden kann.

**342**

Im norditalienischen Po-Delta gibt es – je nach Lage – unterschiedliche Lebensräume für Meeresbewohner: Brackwassertümpel wechseln mit feuchtwarmen Frischwasserzonen ab.

**343**

Im 16. Jahrhundert wurde mit der Regulierung des Po mittels hydraulischer Anlagen begonnen. Mit ihnen ist es möglich, Salzwasser in künstlichen Reservoirs zu speichern.

**344 und 345**

Die Flüsse in der Po-Ebene in Norditalien (linkes Foto), die sich durch Piemont und Tagliamento in Friaul-Venezia-Giulia zieht (rechtes Foto), befinden sich in einem Zustand der ständigen Erneuerung: Regen- und Flusswasser wird vom durchlässigen und porösen Untergrund aufgenommen und gefiltert, bevor es auf die undurchlässisgen Schichten der Tiefebenen trifft und dort wieder an der Oberfläche austritt.

**346**

Sobald die Donau Österreich erreicht, wird sie für etwa 960 Kilometer flacher und breiter und damit für Lastkähne befahrbar.

**347**

Die Velika Morava, der zweitgrößte Fluss Serbiens, durch dessen fruchtbare Ebenen sie fließt, ist ein bedeutender Nebenfluss der Donau.

**348 und 349**
Die Uferlandschaft des Nil bei Luxor besteht aus fruchtbarem Schwemmland und wird intensiv bewirtschaftet.

Afrika

**350 und 351**

Bei Luxor am rechten Ufer des Nil liegen viele Schiffe vor Anker, die von den Einheimischen benutzt werden oder Touristen zu den Sehenswürdigkeiten Ägyptens bringen.

**352 und 353**

Der Nasser-See in Ägypten verdankt seine Entstehung dem Bau des Assuan-Damms 1971, der den Nil aufstaute und 494 Quadratkilometer Wüstenfläche überflutete. An den Ufern des Beckens herrschen große Hitze und Trockenheit.

**354**

An der Grenze zwischen Nordkenia und Äthiopien liegt der Turkanasee in einer sehr unwirtlichen Landschaft aus Lavafeldern, nur unterbrochen von Vulkanen wie dem Nyabuyatom.

**355**

Der Natronsee in Tansania ist ein 600 Meter hoch gelegenes Salzwasserbecken umgeben von unfruchtbarer Savanne und wüstenartigen Geröllflächen.

**356**

Ein Dorf an der Mündung des Niger in Nigeria, wo das Süßwasser des Flusses und das Salzwasser aus dem Golf von Guinea aneinander grenzen.

**357 links**

Das Stromgebiet des Kuilou bedeckt etwa 60 Prozent der Küstenregionen im nördlichen und mittleren Kongo, bevor es in den Atlantik mündet.

**357 rechts**

Das Delta des Niger hat eine Ausbreitung von über 30 000 Quadratkilometern.

**358 und 359**

An der Grenze zwischen Sambia und Simbabwe bilden sich zwischen Februar und März, wenn der Sambesi Hochwasser führt, die Viktoriafälle. Sie sind der längste Wasservorhang der Welt mit einer Kapazität von 500 Millionen Liter Wasser pro Minute.

**360**

Eine Herde Wasserböcke flüchtet durch das Sumpfgebiet im Delta des Okawango in Botswana.

**361**

Das Flusssystem des Okawango lagert pro Jahr über 2 Millionen Tonnen Sand und Sedimente am Grund des Flussdeltas ab, das sich über tausende Wasserläufe und Teiche verteilt.

**362 und 363**

Der Blaue Fluss, Chiang Jang (links), ist mit einer Länge von etwa 7200 Kilometern Chinas längster Fluss. Danach folgt der Gelbe Fluss (rechts), der auf etwa 5000 Kilometern Länge über chinesisches Gebiet nach Osten fließt.

**364 und 365**

In den indonesischen Regionen Sabah und Sarawak spielt sich der Gütertransport zum großen Teil auf einem Netzwerk aus Flüssen ab, da die sehr schwer zugänglichen Gebirgszüge im Landesinneren den Ausbau eines Straßennetzes behindern.

**366**
Ein türkisfarbener Wasserlauf schlängelt sich durch die Waldgebiete, die direkt hinter dem Whiteheaven Beach auf den australischen Whitsunday Islands beginnen.

**367**
Der letzte Abschnitt des Daintree River nahe dem Korallenmeer im australischen Queensland führt durch dichte Regenwälder.

**368 und 369**

Während der Trockenzeit locken die feuchtwarmen Gebiete der so genannten Yellow Waters im Kakadu-Nationalpark in Australien viele Tiere an, die hier ihren Bedarf an Flüssigkeit decken.

**370**

Ein Motorboot in schneller Fahrt auf einem Wasserweg in einem Wüstengebiet des australischen Nationalparks Bowling Green Bay.

**371**

Ein Fluss schlängelt sich durch eine Sandebene bei Arnhem im australischen Kakadu-Nationalpark.

**372**

**Frazer Island in Australien ist mit Teichen übersät, von denen die meisten kristallklares Wasser enthalten. Moorseenartige Gewässer wie dieser Tümpel mit teefarbenem Wasser bilden die Ausnahme.**

**374**

Die Talbecken im Kalaupapa-Nationalpark auf der Hawaii-Insel Molokai sind durch Wasserfälle miteinander verbunden, die viele kleine Seen und Wasserlöcher bilden.

**375**

Zwei Teiche auf einem Berggrat im Iao Valley auf dem Maui-Archipel, das zur Inselgruppe von Hawaii gehört.

**376 und 377**

Die Gipfel der kanadischen Rocky Mountains spiegeln sich in den vielen Seen des Banff-Nationalparks, der vor allem für seine heißen Quellen bekannt ist.

**378 und 379**

Die Niagarafälle bestehen aus zwei Katarakten: den 49 Meter hohen und 790 Meter breiten hufeisenförmigen Canadian Falls (auf den Fotos), und den American Falls mit 51 Metern Höhe und 305 Metern Länge.

**380**

Grün und Blau sind die dominierenden Farben dieser Bucht im Lake Huron in Michigan.

**381**

Mackinac Island mit knapp 13 Kilometern Durchmesser erhebt sich nur wenig über die Wasseroberfläche des Lake Huron.

# Kreislauf des Wassers

**382 und 383**

Die unteren Yellowstone Falls ergießen sich in den 100 Meter tiefer gelegenen Yellowstone Grand Canyon.

**384 und 385**

Zerklüftete Sandsteinfelsen ragen in den tief blauen Lake Powell, der inmitten der Wüste liegt.

**386 und 387**
Aus der grün schimmernden Oberfläche dieses Sees im Devil's Swamp in Louisiana ragen kaum erkennbare hochstämmige Pflanzen hervor.

**388**

Das Mississippi-Delta in Louisiana am Golf von Mexiko erstreckt sich über eine Fläche von 38 700 Quadratkilometern.

**389**

Die berühmten »bayous« des Mississippi sind seichte, träge fließende Wasserrinnen, die nach allen Richtungen vom Fluss abzweigen und das Sumpfland durchziehen.

**390 und 391**

Die Angel Falls in Venezuela sind mit einer Höhe von 980 Metern die höchsten Wasserfälle der Welt.

**392**

Ein stark gewundener Fluss durchzieht diesen Regenwald in Venezuela.

**393**

Die Schwemmlandebene des Pantanal, Brasilien.

**394–395**

Zur brasilianischen Inselgruppe der Anavilhanas gehören 400 Inseln.

**396–397**

Die Iguazu-Fälle an der Grenze zwischen Argentinien und Brasilien bestehen aus vielen bis zu 80 Meter hohen Katarakten.

# WELT DER STILLE

## Flying High

FLYING HIGH DIE WELT

399
Das Becken eines Salzsees im Uluru-Nationalpark in Australien (links), die Weiße Wüste in Ägypten (rechts).



»Wieviele Wüstenplateaus, gewölbt wie die Oberfläche eines Schildes, habe ich schon überquert, die der Fuß keines Reisenden jemals berührt hat und die ich beherrscht habe vom Anfang bis zum Ende.« Diese Worte stammen von einem Mann, der in der Wüste Zuflucht gefunden hatte, in diesem unermesslichen Aufenthaltsraum, zu dem seine Feinde aus Furcht vor seiner Freiheit und weil sie nicht wussten, wie sie ihn daraus verteiben könnten, sich nie vorgewagt haben würden: Shanfara, der dichtende Bandit, der in der Wüste des Jemen lebte, bevor Mohammeds Verkündigungen über diese Dünen hallten.
Die Wüste ist ein Ort der Freiheit. Die Menschen, die den Lockungen der Städte und der »Zivilisation« widerstehen, wissen das. Die wenigen Tuaregs, die mit ihren Salzkarawanen die Sahara durchqueren, könnten sich nicht vorstellen, etwas anderes zu tun. Die Wüste ist das Reich des Schweigens. Nur der Wind rührt sich in der heißen Luft des Tages und in der eisigen Kälte der Nacht. Es ist eine mystische Erfahrung, die dieses Land vermittelt, das etwas zu sein scheint, was es nicht ist. Ein Ort, an dem es schwer fällt, Trugbilder und Halluzinationen von der Wirklichkeit zu unterscheiden. Tausende von Jahren haben die Begründer vieler Kulturen, altägyptische Gottheiten, namenlose Einsiedler und Propheten die Schwelle zur Wüste überschritten, wo die Knappheit an Nahrung ihre Sinne aufs Äußerste geschärft hat. Die Wüste galt vielen als Spielplatz von Geistern und Dämonen oder gar als der »Hinterhof» des Leibhaftigen, eine Hochburg der Verführung, wie aus den Überlieferungen des Lukas, Markus und Matthäus hervorgeht.

400
Wie ein schwarzes Band zieht sich der Schatten über die Sanddüne von Sossusvlei im Namib-Naukluft-Park in Namibia.

# Welt der Stille

Die Beschäftigung mit der Wüste beschwört das Bild eines Meers aus Dünen herauf, aber diese romantische Vorstellung beschreibt nur einen Ausschnitt. Die Wüste besteht zum großen Teil aus nacktem Fels, übersät mit Geröll und durchzogen von Bergketten von grandioser Schönheit wie der Tadrart Akakus, ein düsterer Wall über dem Flachland, befestigt durch Türme aus verrenktem Gestein, oder wie der algerische Hoggar, dessen Grantikegel das blutrote Glühen des Horizonts reflektieren.

Die Namibwüste entlang der Südwestküste des afrikanischen Kontinents ist ein über 1200 Kilometer langer, aber in seinem trockensten Abschnitt nur zwischen 100 bis 220 Kilometer breiter Landstreifen. Sie gilt als eine der unwirtlichsten Gegenden der Welt und kennt seit Enstehung der Erdkruste kein Wasser. Dunkler Sand von einzigartig erdbrauner Farbe häuft sich auf Dünen an, die zu manchen Zeiten so hoch aufragen wie mittelalterliche Festungen, scheinbar abweisend gegenüber jeglicher Art von Leben. Wenn man jedoch die Kämme dieser krummschwertartig gebogenen Hügel, die sich ständig bewegen, aber immer gegenwärtig sind, überwindet, erblickt man vielleicht eine Karawane wilder Elefanten, die auf unbekannten Wegen über die Namib ziehen. Sogar ein grün belaubter Akazienbaum erhebt sich an manch entlegenem Ort, meilenweit entfernt von seinen nächsten Nachbarn. Seltsam daran ist, dass für die Entstehung dieses ausgedörrten Beckens nicht allein die Hitze verantwortlich war, sondern auch die Kälte. Der antarktische Begulastrom, der an der Küste entlangstreicht, verursacht keine wirklichen Regenfälle, sondern nur einen salzhaltigen Nebel, der sich niederschlägt und damit den Funken des Lebens entzündet, der sich in Insekten, gelegentlichen Pflanzen und sogar großen Tieren wie Elefanten wiederfindet.

Viele Wüsten wetteifern darum, der trockenste Ort der Welt zu sein. Einige Bereiche der Wüsten in Jordanien und auf dem Sinai zum Beispiel haben seit 400 Jahren nicht einen einzigen Tropfen Wasser gesehen. Trotzdem existiert auch dort Leben, wenn auch, insbesondere aus der Sicht von oben, praktisch unerkennbar.

# Welt der Stille

Die Landschaft vermag versteckte Wunderwerke zu enthüllen wie Petra, eine in den Fels gehauene Stadt, in der ein ganzes Volk lebte und über Jahrhunderte hinweg prosperierte, indem es das Wasser der seltenen Niederschläge durch ein Kanalsystem leitete.

Die Westküste Südamerikas ist in Peru und Chile zum großen Teil von einem Wüstenstreifen bedeckt, zu dem auch die Atacama gehört, die im Norden der chilenischen Küste an den Pazifik grenzt. Dieses breite Band aus weißem Sand, das sich auf tausende Kilometer von Norden nach Süden erstreckt, wird hier und da unterbrochen vom rechtwinkligen Lauf der Flüsse und Bäche, die von den Anden herabfließen. Sie liefern die Existenzgrundlage von Siedlungen, die wie Oasen über den unfruchtbaren Sand verteilt sind.

Die Wüsten Nordamerikas fallen nicht unter die Kategorie dieser vollkommen unwirtlichen Orte, die als »extrem trocken« bewertet werden wie das gewaltige, glühende Becken im größten Teil des australischen Landesinnern sowie die Wüste Gobi im entlegensten Teil Asiens. Aber die Anziehungskraft der nordamerikanischen Wüstengebiete ist deshalb nicht minder groß. Die Wüstenstaaten Utah, Colorado und Arizona können fragile Sandsteingebilde vorweisen, deren Formen der unablässig wehende Wind im Lauf von Jahrmillionen gestaltet hat. Die Formationen des bekannten Delicate Arch sind nur ein berühmtes Beispiel dafür, denn die gesamte Region ist ein Zauberreich unwirklicher Burgen, von der Erosion aus dem Sandstein geschürft. Auch im Death Valley stehen viele solcher Naturdenkmäler. Die Niederung des Badwater Basin, der mit 86 Meter unter dem Meeresspiegel tiefste Punkt der westlichen Hemisphäre, wirkt wie ein Schmelztiegel, in dem eine gandenlose Sonne alles verglühen lässt und eine Landschaft erzeugt, in der Leben so flüchtig ist wie der Geist.

Die unbarmherzige Sonne lässt Farben erscheinen, die in keinem anderen Teil des Planeten vorkommen. Neben dem Goldgelb und Rot des Sandes und der Felsen bringen die Erosion und die beständige unmittelbare Bestrahlung der tiefer gelegenen Bodenschichten Mineralien an die Oberfläche, die oxidieren,

# Welt der Stille

sich mit anderen Elementen verbinden und neuartige Mischungen von Grün, Braun, Purpur und Tiefrot schaffen. Daneben gibt es ein Weiß, das so makellos ist wie frischer Schnee, wie in der Weißen Wüste um die Oasen von Farafra in Ägypten, wo die Kreidekalksedimente vom Wind freigelegt wurden und bizarre weiße Erhebungen bilden, die man für absonderliche Luftspiegelungen halten könnte.

Von oben erkennt man auch die tiefen Einschnitte, die das Wasser hinterlassen hat, das es hier gibt. Denn von den erwähnten Extremen abgesehen, ist die Wüste niemals völlig trocken. Die ausgetrockneten Wadis und Creeks der Welt befördern Sturzfluten von Regenwasser, die der Jahreszeit entsprechend den festen Untergrund in eine gurgelnde Schlammfläche verwandeln. Sie reißen alles auf ihrem Weg mit sich, graben scharf umrissene Einschnitte in den Boden, in denen sich im Morgenlicht und bei Sonnenuntergang dunkle Schatten sammeln. Anders als in regelmäßig bewässerten Landstrichen, wo der Boden schon so mit Feuchtigkeit gesättigt ist, dass er den Regen kaum noch aufnehmen kann, erwecken die Sturzfluten in den Wüsten alles zu neuem Leben. Nach dem Regen füllen sie sich mit gelben, roten und grünen Blumen. Froschlurche, die sich der Trockenheit angepasst haben, steigen aus dem aufgewühlten Schlamm hervor in die Sonne, die sie vor vielen Jahren zum letzten Mal gesehen haben. Und dann, wie auf Befehl der Wüste, versinkt alles wieder in Schlaf, dem Rhythmus der Natur folgend, die es nie eilig hat und nichts vergisst.

**404**
Rötlich gefärbte Monolithen, einzeln oder zu Gruppen vereint, beherrschen die Ebene im Monument Valley zwischen Arizona und Utah in den Vereinigten Staaten.

**406 und 407**
Die Erosionstätigkeit der Flüsse hat tiefe Spuren in den lehmigen Grund der nördlichen Sierra Nevada in Spanien gegraben.

**408**

Das Gebiet des Salzsees Chott el-Jerid in Tunesien bietet ungewöhnliche Anblicke wie diese Salzwassertümpel, die an die zerfließenden Uhren Salvador Dalís erinnern.

**409**

Ein Heißluftballon über der Felswüste von Tozeur in Tunesien.

**410–411**

In solch einsame Hügel wie hier im algerischen Atakor hatte sich der Einsiedler Foucault zurückgezogen, angezogen von der Landschaft und der Kultur der Tuareg.

**412 und 413**

Im Sand der Sahara lassen atmosphärische Kräfte verspielte Muster entstehen, wie beispielsweise hier in Libyen.

**414 und 415**

In der Weißen Wüste Ägyptens, die einst von Wasser bedeckt war, ragen Kalksteinformationen aus dem Sand, die von der fortwährenden Erosion zu bizarren Gebilden geformt wurden und an eine Mondlandschaft erinnern.

**416**

Aghurmi erhebt sich über die grünen Palmenhaine der Oase Siwa in Ägypten, wo die Ruinen der alten Festung Shali und des Tempels des Amun-Orakels von einer glorreichen Vergangenheit zeugen.

**417**

Neben den von Menschen errichteten Tempeln findet man in der Oase Siwa auch natürliche »Tempel« wie diese Kalksteinformationen.

**419**
Eine Karawane durchquert die mauretanische Sahara bei Nouakchott. Die dunklen Spuren im Sand erinnern an chinesische Tuschezeichnungen.

**420 und 421**

Die namibische Namibwüste wird von roten Dünen, schroffen Felsen und Tafelbergen geprägt.

**422–423**

Eine Herde Oryxantilopen überquert eine Ebene in Namibia.

# Asien

**424–425**
Gerade im ersten Morgenlicht erstrahlt der Mount Sinai oder Gebel Musa, der »Mosesberg«, in farbenprächtiger Schönheit. Hier soll Moses von Gott die Steintafeln mit den Zehn Geboten empfangen haben.

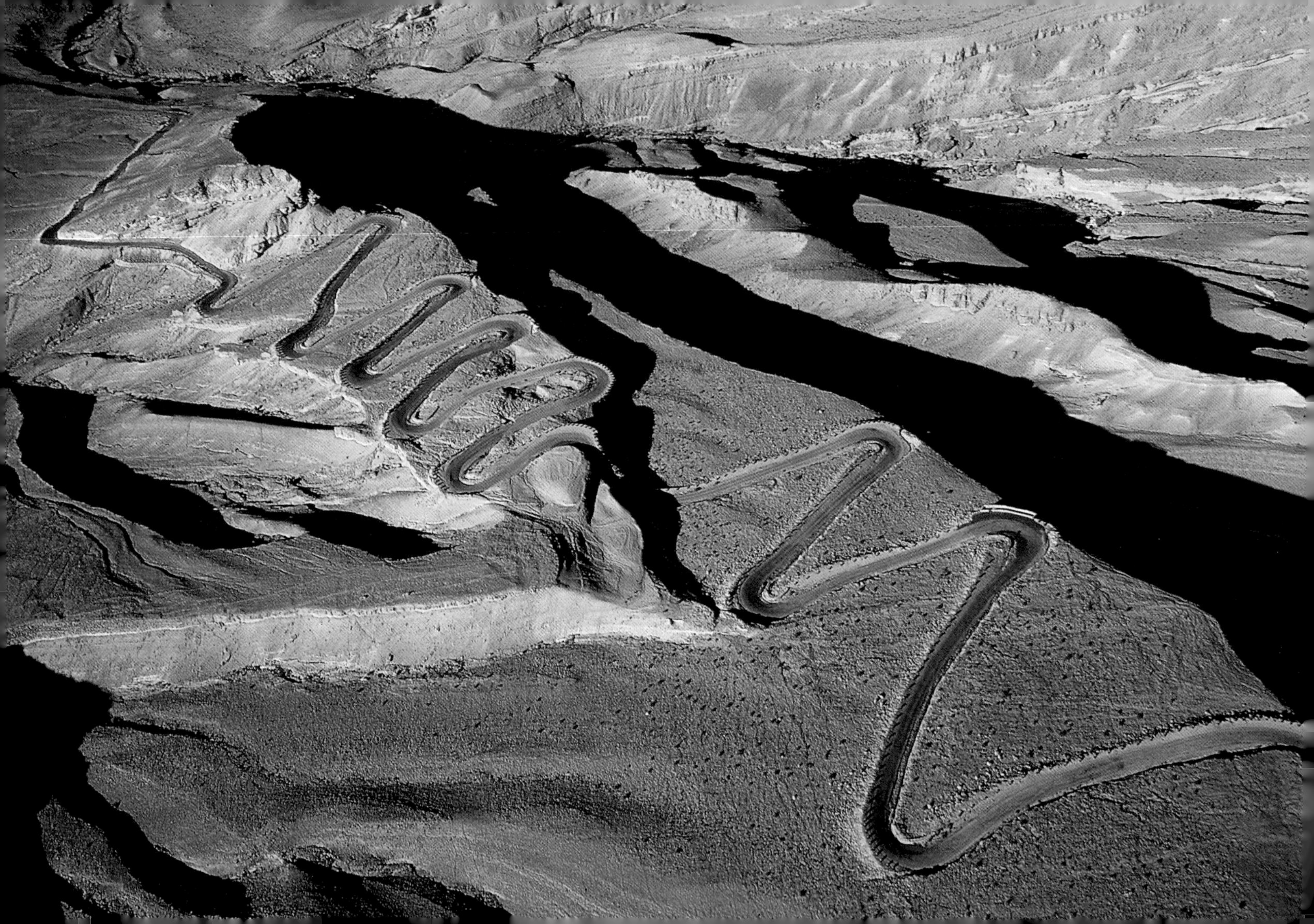

**426**

Ma'le Akrabim in Israel ist Teil einer uralten Straße zwischen Beersheba und Eilat und windet sich wie eine Schlange über die Berghänge.

**427**

Der Gipfel des Mount Nishpeh in Israel besteht aus hartem Felsgestein, das sich der Erosion durch Sand und Wind widersetzt, während die tiefer gelegenen Schichten deutlich schneller verwittern.

**428 und 429**

Iwadi Rum ist das ausgedehnteste Wüstengebiet in Jordanien. T. H. Lawrence hat es mit den poetischen Worten »unendlich hallendes Echo des Göttlichen« beschrieben. Er war offenbar verzaubert vom Reiz dieses kargen Gebietes, aus dem sich mächtige Sandsteinfelsen, die so genannten »jabal«, erheben.

**430 und 431**
In der Sprache der Einheimischen heißen diese seltsamen Formationen in der Wüste Gobi »yadan«, was »Klippen« bedeutet.

**432 und 433**

Diese Fotos dokumentieren am Beispiel einer kleinen Karawane in der Wüste Taklimakan im Nordwesten Chinas eindrucksvoll die fast unendliche Weite der Wüstenlandschaft.

434

**434**

Das Felsmassiv des Ayers Rock ist ein Wahrzeichen des australischen Kontinents: Der Monolith ist 342 Meter hoch und hat einen Umfang von etwa 10 Kilometern.

**435**

Kata Tjuta in Australien besteht aus über 30 abgerundeten, roten Massiven, die wegen ihres fingerartigen Aussehens von den Eingeborenen als ein Werk Gottes angesehen werden.

**436 und 437**

Manche Wissenschaftler behaupten, dass die Landschaft der Simpson Desert in Australien, in der Sanddünen mit Salzseen abwechseln, der Oberflächenstruktur des Planeten Mars nicht unähnlich sei.

**438 und 439**

Der fast 350 Kilometer lange und zwischen sechs und 30 Kilometer breite Grand Canyon in Colorado entstand in Tausenden von Jahren durch Erosion und die Einwirkung seines Flusswassers. Die gigantische Schlucht ist eine der bedeutendsten Sehenswürdigkeiten sowohl der Vereinigten Staaten als auch der gesamten Welt.

**440**

The Maze, der »Irrgarten«, befindet sich in einem entlegenen Gebiet des Canyonlands-Nationalparks in Utah. Die Gesteinsformationen bilden ausgedehnte Labyrinthe, die sich nur aus der Luft so deutlich erkennen lassen.

**441**

Die Felsen in der San Rafael Desert in Utah reflektieren das grelle Sonnenlicht so stark, dass sich das menschliche Auge geblendet abwendet.

# Welt der Stille

**442 und 443**

Der Bryce Canyon in Utah besteht aus vielen abwechslungsreich geformten Felsentürmen, die ihre überwältigende Schönheit besonders im Schein der Morgen- und Abendsonne enthüllen. Im Winter tragen die rötlichen Säulen eine Schneehaube.

**444 und 445**
Die roten Sandsteinfelsen in Arizonas Monument Valley ragen stolz in den Himmel. Manche erreichen eine Höhe von bis zu 300 Metern.

**446**
Dieser Salzsee im kalifornischen Death Valley liegt 86 Meter unter dem Meeresspiegel. Auf seiner Wasseroberfläche sind ganz besondere Farbeffekte zu sehen.

**447**
Der Titus Canyon im Death Valley ist am Grund sehr eng und wird nach oben hin immer breiter.

**448**

Die Altar Desert in Mexiko an der Grenze zu den Vereinigten Staaten ist eine Sandwüste, in der im Sommer kein Lufthauch weht und tagsüber extreme Temperaturen entstehen.

**449**

Eine Sanddüne bringt Bewegung in die eintönige Fläche der Laguna de San Ignacio im mexikanischen Baja California.

**450 und 451**
Vereinzelte Flecken von Vegetation oder bestelltem Ackerland unterbrechen die Weiten der Wüste nahe der Stadt Ica in Peru.

**452 und 453**

Das Tal des Mondes in der chilenischen Atacamawüste ist ein großes Becken mit verschiedenen geologischen Formationen wie Salzseen, aktiven Vulkanen und kristallinen Steinsalzbildungen in Gestalt von abstrakten Skulpturen.

# WELT DES MENSCHEN

## Flying High

455

Der Markusplatz in Venedig (links). Die Golden Gate Bridge in San Francisco (rechts).



Die Räume, die der Mensch auf unserem Planeten geschaffen hat, dienen zum Teil der Landwirtschaft, zum anderen den Städten. Diese sind das ausschließliche Werk des Menschen, der sie Stein für Stein vom Fundament bis zur höchsten Turmspitze errichtet hat. Die Arbeit von Jahrhunderten oder Jahrtausenden hat Städte entstehen lassen, die ihrem Wesen nach und den Wünschen ihrer Erbauer entsprechend dazu tendieren, sich horizontal wie vertikal auszubreiten. Auf diese Weise wurden ehrwürdige Wunderwerke der Architektur geschaffen, von Lissabon bis London, von Berlin bis Paris und von Kairo bis Bangkok.

Dann wuchsen, von wahrhaftigem Pioniergeist getragen, die aufregenden Stecknadelkissen von Manhattan und Chicago heran, die sich zwischen dem Ende des 19. und dem Beginn des 20. Jahrhunderts zu Versuchswerkstätten neuer Technologien entwickelten. Als man die statisch vertretbare Anzahl der Stockwerke, die sich in herkömmlicher Bauweise unter Einsatz fortschrittlicher Techniken und mit Stahl errichten ließen, zu überschreiten begann, stand man vor der Notwendigkeit eines großen kreativen Sprungs.

Niemand wusste wirklich vorauszusagen, ob die Hochhäuser die Belastungen würden tragen und aushalten können, die man ihnen aufgebürdet hatte – Schwerkraft, Windfestigkeit, Erdbeben und Abnutzung durch den täglichen Gebrauch – und selbst heute kann niemand sagen, wie lang das Betongerüst eines Bauwerks, das vor 100 Jahren errichtet wurde, seine Festigkeit behält. Tatsache ist jedoch, dass eine bestimmte Anzahl historischer Baukolosse seine Altersschwelle weit überschritten hat. Es wäre durchaus berechtigt, einige Gebäude von geringem histo-

456

Die Île de la Cité von Westen. Am rechten Rand der Insel sind die Türme der Kathedrale von Notre Dame zu erkennen.

# Welt des Menschen

rischen oder symbolischen Wert allmählich abzureißen und durch modernere Bauten zu ersetzen. So wirken die Zentren der Städte des 21. Jahrhunderts oft wie elitäre Kunstgalerien gigantischen Ausmaßes, wie Museen, deren Aufgabe es ist, eine immer stärker werdende Macht zu demonstrieren und eine Kunst zur Schau zu stellen, die sich für das Überleben des Menschen als sehr nützlich erwiesen hat: die Architektur.

Selbst der überzeugteste Gegner moderner Hochbauten wird die Schönheit der kegelförmigen Petronas Towers, zweier schlanker, durch eine gläserne Brücke in luftiger Höhe verbundener Doppeltürme, nicht leugnen können. Die 445 Meter hohen Petronas scheinen das Stadtzentrum von Kuala Lumpur unter ihren kreisförmigen Fundamenten fast zu zerquetschen, auch wenn sie inzwischen den Welthöhenrekord an den 501 Meter hohen Turm des Taipei 101 in Taiwan haben abtreten müssen. Den nächsten Platz belegt der Sears Tower in Chicago, der nur 56 Meter niedriger ist und mit seiner Masse aus schwarzen Parallelepipeden, die ihn zu einem modernen Turm zu Babel vor dem kristallinen Hintergrund des Michigansees machen, sehr streng aussieht.

An dritter Stelle folgt der Jin Mao Tower in Schanghai, der zugleich auch der mit der stärksten Symbolkraft ist: ein 420 Meter hohes Bambusrohr, eine disproportionierte Pagode, die das kulturelle und traditionelle Universum des Fernen Ostens widerspiegelt. In seiner Eigenartigkeit heilig, mag diese faszinierende Kreation eine der vom Bild des hypertechnologischen Hochhauses in seiner »natürlichen« Existenz am weitesten entfernte sein, mit ihren behutsam akzentuierten Segmenten aus leicht aufwärts gebogenen Horizontallinien. Es scheint sich tatsächlich um einen Pflanzenstängel zu handeln, der seine Wurzeln in die asiatische Erde schlägt und aus ihr den Lebenssaft bezieht, der ihn so hoch, einzigartig und bewundernswert macht.

Das Können der Meister der fortgeschrittenen Architektur hat offensichtlich ins Ziel getroffen. Ihre Kreationen haben die Prüfung für den gegenwärtigen

## Welt des Menschen



Augenblick bestanden und bieten von unten wie von oben einen faszinierenden Anblick.

Und trotz ihrer »Wucherungen« wirken die heutigen Stadtsilhouetten – ebenso wie die sich im Bau befindlichen vor einem halben Jahrhundert – nicht abweisend, sondern vielmehr einladend.

Ein sehr interessanter Aspekt moderner Städte ist ihr ausweichendes Wesen. Je größer sie sind, desto schwerer machen sie es einem, sie kennenzulernen. Statistische Erhebungen sind immer problematisch, und selbst heute weiß man nicht, welches urbane Zentrum das größte der Welt ist. Trotz der Perfektionierung des Instrumentariums der Statistik konnte nie eindeutig gesagt werden, ob Kairo oder Mexiko-Stadt oder der Großraum Tokio–Yokohama die größte Bevölkerungsdichte hat. Städte wie Istanbul, wo bis vor 30 Jahren eine Million Seelen wohnten, beherbergen heute über zehn Millionen Einwohner, und nichts deutet darauf hin, dass die Entwicklung beendet ist.

Der Physiker und Science-Fiction-Autor Isaac Asimov hat sich die Mühe gemacht, die hypothetische Zahl von Seelen zu berechnen, die ein Planet wie die Erde im Stadium seiner am weitesten fortgeschrittenen Entwicklung aufnehmen könnte. Er kam auf circa 40 Milliarden, was wahrscheinlich eine starke Untertreibung ist. Aktuell glaubhafte Informationen sprechen davon, dass 50 Prozent der Gesamtbevölkerung sich auf die Städte konzentrieren, was über drei Millarden Seelen entspricht, die sich auf nicht weniger als 22 Großstädte mit jeweils über acht Millionen Einwohnern verteilen.

Nicht alle großen Städte können auf eine ehrwürdige Vergangenheit zurückblicken. Brasilia ist das berühmteste Beispiel einer »künstlichen« Hauptstadt, die von Anfang an auf dem Reißbrett geplant wurde. Die Meisterwerke Niemeyers erzeugen ein urbanes Panorama aus gewaltigen Freiräumen, umringt von funktionalen, aber auch attraktiven Gebäuden in einer Art Wirklichkeit gewordener »metaphysischer Landschaft« Giorgio de Chiricos. Freiräume sind das anziehendste Charakteristikum geplanter Städte, die in der zweiten Hälfte des 20. Jahrhunderts entstan-

# Welt des Menschen

den sind. Islamabad in Pakistan beispielsweise hebt sich auffällig von den anderen Städten dieses Landes ab. Das gilt genauso für Canberra in Australien, das so verstreut zwischen seinen ausgedehnten Parks liegt, vom Capitol Hill bis zur City, mit harmonisch verteilten kreisförmigen Flächen an der dem Lake Burley Griffin gegenüberliegenden Küste, dass man es auf den ersten Blick gar nicht als Stadt wahrnimmt.
Im Lauf der Geschichte haben wir uns an große Bauwerke gewöhnt, aber leider auch an große Zusammenbrüche. Aus den leeren Augenhöhlen des World Trade Center steigt eine nicht endende Warnung an die Welt empor. Vielleicht soll sie uns mahnen, den Gedanken an Konflikte, vielleicht sogar an Architektur selbst zu überwinden. Tatsächlich stand für kurze Zeit eine unberührbare »Struktur« reinsten Lichts an der Stelle, wo die vertikal gegliederten Rechtecke aufragten, die der geniale I. M. Pei entworfen hatte. Die Türme existieren nicht mehr, aber indem sie nicht mehr sind, haben sie eine neue und noch wichtigere Rolle übernommen. Sie repräsentieren symbolhaft und zugleich charismatisch das, was sie in ihrer kurzen Geschichte einst verkörperten. So als wollten sie damit ein Zeichen setzen, dass das Auslöschen eines markanten Charakterzugs im Antlitz der Erde zwangsläufig die Niederlage derjenigen offenbart, die diese Zerstörung herbeigeführt haben.

**461**
Das Empire State Building ist gegenwärtig das höchste Gebäude (315 Meter) in Manhattan. Im Hintergrund ist der Central Park zu erkennen.

MetLife

**462 links**

Am Südufer des Rio Tejo erstreckt sich ein Meer aus den roten Dächern des Alfama Quartiers.

**462 rechts**

Seit dem 12. Jahrhundert beherrschen die kantigen Türme der Kathedrale von Sé das Zentrum der Stadt.

**463**

Vor der Fassade des Nationaltheaters steht auf einer hohen Säule das Standbild Dom Pedros IV. (1798–1834). Der Platz trägt den Namen des Königs, ist aber allgemein als Praça Rossio bekannt.

**464**

Auf dem 640 Meter hoch gelegenen Plateau der Südmeseta breitet sich die Hauptstadt und größte Stadt Spaniens aus. Die Altstadt besteht aus einem eindrucksvollen Ensemble historischer Gebäude aus der langen und wechselvollen Geschichte des Landes.

**465**

Madrid besitzt eine der größten Arenen der Welt: die Plaza de Toros de las Ventas, wo noch heute Stierkämpfe nach alter Tradition stattfinden.

# Madrid

**466**

Die Hafenstadt Barcelona am Mittelmeer ist die zweitgrößte Stadt Spaniens und wirtschaftliches wie kulturelles Zentrum Kataloniens.

**467**

Mit dem Bau von Antoni Gaudis Meisterwerk, der Kirche »Templo de la Sagrada Familia«, wurde 1883 begonnen und die Arbeiten dauern noch an. Finanziert werden sie aus Spenden der Gläubigen.

# Dublin

**468 links**

Dublin liegt in einer Bucht an der Mündung des Liffey River. Der Hafen ist ein bedeutender Wirtschaftsfaktor der Republik Irland.

**468 rechts**

Grand Custom House am Nordufer des Liffey River wurde um 1780 erbaut.

**469**

Im Herzen der Stadt liegt das Trinity College of Dublin. Die von Königin Elisabeth I. 1592 gegründete Universität ist die älteste des Landes.

# London

**470**

Der Turm des Parlamentgebäudes in London mit der berühmten Glocke »Big Ben« wird flankiert von den Türmen der Westminster Abbey.

**471**

Das British Museum in der Londoner Innenstadt mit seinem gewaltigen, von einer Kuppel gekrönten Glasdach über dem Great Court nimmt die Fläche eines Häuserblocks ein.

**472**

Die 1910 eröffnete »Mall« teilt den Saint James Park in zwei Hälften. Am Ende der Paradeallee steht der Buckingham Palace, eines der vielen Wahrzeichen Londons.

**473**

Grünflächen entlang des gewundenen Laufs der Themse beleben den dicht bebauten Nordosten Londons.

# Amsterdam

**474 und 475**

Amsterdams Stadtbild ist geprägt von einem dichten Netz aus Kanälen und »normalen« Verkehrswegen. Die konzentrische Anlage der Wasserstraßen folgt dem Verlauf der mittelalterlichen Stadtmauer.

**476**

Der Place du Carrousel mit dem Arc de Triomphe und der Schlossanlage des Louvre ist ein markanter Punkt im Stadtbild von Paris.

**477**

Als die Eisenkonstruktion des Eiffelturms 1889 fertiggstellt wurde, galt sie als ein Wunderwerk der Technik und Ingenieurskunst.

**478 links**

Die weiße Basilika du Sacré Coeur auf dem Hügel von Montmartre ist eines der schönsten und symbolträchtigsten Bauwerke von Paris.

**478 rechts**

Pariser Eleganz spricht aus der exquisiten Architektur des Petit Palais.

**479**

Ein Blick aus der Luft auf den Place d'Etoile zeigt einen Stern. Hier scheinen alle Nervenstränge der französischen Metropole zusammenzulaufen.

**480**

Die Oberbaumbrücke in Berlin-Mitte führt über die Spree. Rechts dahinter ist der Fernsehturm auf dem Alexanderplatz zu sehen.

**481**

Abendstimmung über dem Kurfürstendamm, der längsten Einkaufsstraße Berlins. Rechts die Ruine der Kaiser-Wilhelm-Gedächtniskirche, die nach dem Krieg nicht wieder aufgebaut wurde und als Mahnmal dient.

HAUCK GRUPPE
Dresdner Bank
IVG

**482**
Hinter der Kettenbrücke über die Donau erhebt sich der Kuppelbau des 1884–1905 errichteten Parlamentsgebäudes am Pester Donauufer.

**483**
Die St.-Stephans-Kirche ist das größte sakrale Bauwerk Budapests.

**484**

Die historische Altstadt von Prag mit der gotischen Teynkirche (14.–15. Jahrhundert) am ehemaligen Großen Ring, der heute Staromestke Namesti heißt.

**485**

Der Sankt-Veits-Dom hinter der Burg auf dem Hradschin. Unterhalb der Burg ist im Vordergrund die Prager Kleinseite (Malá Strana) zu sehen.

# Wien

**486**

Das Museumsviertel hinter der Hofburg am Wiener Burgring ist das größte Kulturzentrum der Welt und beherbergt mehrere »Musentempel« der Künste und Wissenschaften wie das Kunsthistorische Museum.

**487**

Wien, die ehemalige Haupt- und Residenzstadt der österreich-ungarischen Monarchie, liegt am Nordrand des Wiener Beckens auf überwiegend flachem Gelände. Einige der Vorstädte ziehen sich bis zu den Hängen der Alpenausläufer hin, die auf dem Foto im Hintergrund zu erkennen sind.

**488**

Die Gleise und Bahnsteige des Kopfbahnhofs Santa Lucia schieben sich wie ein Fremdkörper in das Straßen- und Häusergewirr Venedigs hinein, das sich über 118 kleine Inseln erstreckt. Diese sind durch 354 Brücken miteinander verbunden.

**489**

Der Kuppelbau der 1674 fertiggestellten Kirche Santa Maria della Salute am östlichen Ende des Canale Grande.

Venedig

**490**

Die 1588 erbaute Rialtobrücke von Venedig war bis 1854 der einzige Übergang über den Canale Grande.

**491**

Der Glockenturm auf dem Markusplatz in Venedig. Rechts davon sind die Kuppeln der gleichnamigen Kirche und der große Komplex des Dogenpalastes zu sehen.

**492**

Der Arno mit seinen vielen Brücken durchschneidet die Innenstadt von Florenz diagonal von Südosten nach Nordwesten. Die zweite Brücke von unten auf dem Bild ist der aus dem 14. Jahrhundert stammende Ponte Vecchio.

**493**

Das Wahrzeichen von Florenz, der Dom Santa Maria del Fiore, wurde 1296–1436 errichtet. Auf dem mittleren Bild der zinnenbekrönte Palazzo Vecchio am Platz der Signoria und auf dem rechten Foto die Dominikanerkirche Santa Maria Novella, mit deren Bau 1246 begonnen wurde.

**494**

Umgeben von einem riesigen Häusermeer liegt inmitten Roms der Vatikan mit der Peterskirche und den von Gian Lorenzo Bernini errichteten Kolonnaden des Petersplatzes.

**495**

Der Rundbau der Engelsburg am rechten Tiberufer in Rom. Der 135–139 n. Chr. errichtete Bau diente als Mausoleum für Kaiser Hadrian und seine Nachfolger. Heute ist hier ein Museum.

**496**

Die aus dem 18. Jahrhundert stammende Fontana di Trevi links liegt am Fuß des Palazzo Poli. Der Neptun-Brunnen rechts, von Bernini zwischen 1648 und 1651 errichtet, beherrscht die Piazza Navona.

**497**

Die berühmte Treppe Trinità dei Monti, ein Meisterwerk der Renaissance, ist seit den Tagen des »Dolce Vita« einer der beliebtesten Treffpunkte Roms für junge Menschen aus aller Welt.

FLYING HIGH DIE WELT

**498**

Das Herz der klassischen Antike, die Akropolis von Athen, liegt auf einem flachen Burgberg inmitten der Stadt. Dahinter erhebt sich der Lykabettus, die grüne Lunge der griechischen Hauptstadt.

**499**

Die Hafenstadt Piräus am Saronischen Golf ist ein Teil von Groß-Athen und der wichtigste Hafen des Landes.

**500 links**

Unter der vergoldeten Kuppel der Isaak-von-Kiew-Kathedrale in Sankt Petersburg befindet sich heute ein Museum.

**500 rechts**

Das Bauensemble mit der Peter-und-Pauls-Festung und der Peter-und-Pauls-Kathedrale liegt im Mündungsgebiet der Newa, wo Zar Peter I. 1703 die Hauptstadt Russlands gründete.

**501**

Die 47 Meter hohe Alexandersäule steht auf dem Dworzowaja-Platz vor dem Winterpalast, in dem auch die Eremitage untergebracht ist.

# Moskau

**502**

Blick auf den Kathedralenplatz des Kremls mit dem Glockenturm Iwan Weliki, dem Glockenturm des Marco Bono und dem Turm des Patriarchen Filaret. Rechts von der Gruppe die Erzengel-Michael-Kathedrale, links davon die Uspenski-Kathedrale.

**503 links**

Die Erlöserkathedrale aus dem 19. Jahrhundert benutzt Stilelemente früherer Epochen.

**503 rechts**

Die Lomonosow-Universität auf den Leninbergen im Südwesten der Stadt mit ihrem 240 Meter hohen Turm, dem höchsten Gebäude Moskaus.

# Kairo

**504 links**

Umgeben von einem Häusermeer auf beiden Ufern des Nils liegt die Inself Rawda wie ein kleines Juwel im Zentrum der ägyptischen Hauptstadt.

**504 rechts**

Der Bau des Ägyptischen Museums mit seiner Kuppel und dem langgestreckten Glasdach in der Mitte wurde 1902 fertiggestellt.

**505**

Ein Blickfang im Stadtbild Kairos ist der Prachtbau der Mohammed-Ali-Moschee auf dem höchsten Punkt der Zitadelle aus dem 12. Jahrhundert.

# Kapstadt

**506–507**

Panorama von Kapstadt, der ältesten Siedlung Südafrikas. Im Hintergrund das mächtige Massiv des Tafelbergs im Norden der Stadt. Ihre ersten Hafenanlagen lassen sich bis ins 17. Jahrhundert zurückverfolgen.

**508**

Die Sultan-Ahmad- oder Blaue Moschee von Istanbul wurde 1609–1616 errichtet und ist heute die Hauptmoschee der Stadt. Alle Wände des Bauwerks sind mit grünblauer Fayence verkleidet.

**509**

Mit dem Bau des Sultanspalastes Topkapi-Serail, der bis 1839 als Residenz diente, wurde 1462 begonnen. Der Gebäudekomplex grenzt ans Goldene Horn (links) und an den Bosporus.

**510**

Der Felsendom im Tempelbezirk von Jerusalem, der als das Hauptheiligtum Israels gilt, wurde 688–691 von dem Kalifen Abd Al Malik über dem heiligen Felsen errichtet. Hier soll Abraham das Isaakopfer vorbereitet haben.

**511**

Der Komplex der Grabeskirche in der Altstadt von Jerusalem wurde von Kaiser Konstantin dem Großen angelegt und steht an der Stelle, wo Jesus Christus gekreuzigt und begraben wurde.

**512**

Im Tempel von Wat Pho, einem der größten und ältesten Zentren des Buddhismus in der thailändischen Hauptstadt, befindet sich eine 45 Meter lange liegende Buddhafigur.

**513**

Der Tempel Wat Phra Kaeo im Palastbezirk von Bangkok wurde 1785 im klassischen siamesischen Stil erbaut.

Bangkok

**514**

Singapur ist ein Stadtstaat an der Südspitze der Halbinsel Malakka. Seine Bevölkerung setzt sich aus Buddhisten, Hindus, Taoisten, Konfuzianern, Christen und Muslimen zusammen, die hier ihre Gotteshäuser errichtet haben. Repräsentativ für den wirtschaftlichen Aufschwung der Stadt ist das moderne Geschäftsviertel (rechtes Bild).

**515**

Vor den beeindruckenden Hochhäusern des Geschäftsviertels liegen noch einige Anlagen aus der Kolonialzeit der Stadt, die 1819 mit der Errichtung einer Faktorei der englischen Ostindischen Kompanie begann.

Singapur

HSBC

**516**

In der Verbotenen Stadt liegen der ehemalige Kaiserpalast sowie weitere Paläste, die Anfang des 15. Jahrhunderts entstanden und den chinesischen Kaisern bis 1912 als Residenz dienten. Im Zentrum die drei auf Marmorterrassen errichteten Zeremonienhallen, dahinter der »Kohlenhügel«.

**517**

Der futuristisch wirkende Millennium Altar (links) und Schwindel erregende Wolkenkratzer an einer der Hauptverkehrsadern der chinesischen Riesenmentropole.

**518**

Die Skyline von Schanghai gehört wohl zu den eindrucksvollsten der Welt: Das herausragende Bauwerk der Stadt ist der Jin Mao Tower. Er ist mit 420 Metern Höhe das fünfthöchste Gebäude weltweit.

**519**

Ein weiteres Wahrzeichen des modernen Schanghai ist der Oriental East Pearl TV & Radio Tower, eine fast 500 Meter hohe Betonkonstruktion.

# Hongkong

**520**

Der größte Teil Hongkongs besteht aus riesigen Wolkenkratzern und Bürotürmen, die sich dicht an dicht auf dem schmalen Küstenstreifen im Mündungsgebiet des Perlflusses zusammendrängen.

**521**

Das Dach des Kongress- und Ausstellungszentrums von Hongkong wirkt wie eine Seemöwe, die mit ausgebreiteten Schwingen auf das Südchinesische Meer hinausfliegt.

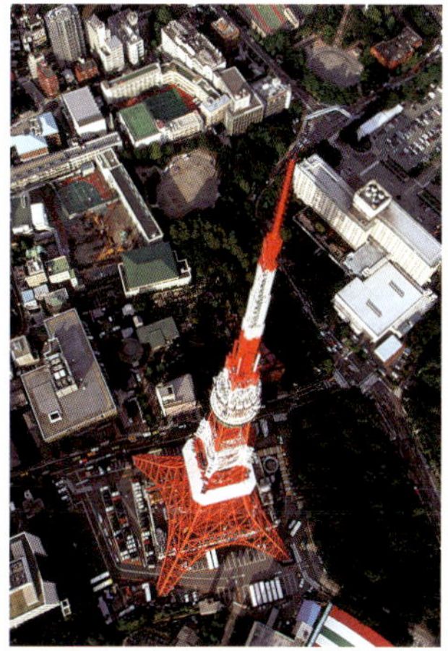

**522**

Die übereinander liegenden Fahrbahnen der 100 Meter langen Rainbow Bridge vereinigen sich über der Tokiobucht zu einer kreisförmigen Rampe.

**523 links**

Der Stadtteil Shinjuku ist der modernste und fortschrittlichste der 23 Bezirke Tokios.

**523 rechts**

Das Wahrzeichen der Stadt, der 333 Meter hohe Tokioturm, ist nur wenig höher als sein Vorbild, der Eiffelturm in Paris.

**524**

Die Innenstadt von Melbourne in Australien hat sechs Wolkenkratzer vorzuweisen, die 200 Meter hoch sind. Übetroffen werden sie vom Bourke Tower (in der Mitte links), der sie um 30 Meter überragt.

**525**

Einen idyllischen Gegenpol zu den Hochhäusern der Innenstadt bilden die kleinen, bunten Badehütten am Strand von Melbourne.

Melbourne

# Sydney

**526–527**

Die 520 Meter lange Harbour Bridge überspannt die gesamte Bucht von Sydney, der größten Stadt Australiens. Die Hälfte der Bevölkerung des Kontinents verteilt sich auf Sydney, Melbourne und Brisbane.

**528**

Häuser mit roten Dächern und weiße Yachten säumen den Gulf Harbour, einen Kanal, der die neuseeländische Hauptstadt Auckland mit dem Meer verbindet.

**529**

Auckland wirkt geschlossener und nicht so gewaltig wie viele andere Hauptstädte der Welt, aber zumindest der Sky Tower rechts im Bild kann durch seine respektable Höhe von über 300 Metern mit den Weltmetropolen mithalten.

Auckland

**532 und 533**

Vancouver, die Hauptstadt von British Columbia in Kanada, verteilt sich auf mehrere Buchten an der Pazifikküste. Die »weißen Segel« am rechten Bildrand (oben) bilden das Dach eines futuristischen 3-D-Kinos. Trotz seiner hohen Bevölkerungsdichte ist Vancouver eine Gartenstadt mit viel Grün inmitten einer großflächigen Seenlandschaft.

# Montreal

**534**

Die zukunftweisende Konstruktion des Biodome in Montreal, Kanada, war ursprünglich als Radrennbahn für die Olympischen Spiele konzipiert worden und wurde später in ein Umweltmuseum umgewandelt. Unter dem futuristischen Dach wurden einige der reizvollsten Naturgebiete des amerikanischen Doppelkontinents rekonstruiert.

**535**

Das anziehende Vieux Port-Viertel von Montreal ist ein Mittelpunkt der Unterhaltungsindustrie und ein sehr beliebtes Wohngebiet.

**536**

Die San Francisco Bay bietet einen atemberaubenden Anblick, besonders wenn der häufige Nebel die Sicht auf die Golden Gate Bridge freigibt. Die kühne Konstruktion mit einer Länge von 2000 Metern wurde 1937 eingeweiht.

**537**

Die Transamerica Pyramide im Zentrum San Franciscos ist 270 Meter hoch. Im Hintergrund links erkennt man einen Pfeiler der Golden Gate Bridge.

**538**

Die Straßen San Franciscos sind nicht nur wegen ihres exremen Gefälles weltberühmt, sondern auch wegen ihrer gewundenen Anlage wie hier in der Lombard Street im Stadtviertel Russian Hill.

**539**

Der Pavillon des Palastes der Schönen Künste in San Francisco beherbergt das Exploratorium, das den angewandten Wissenschaften und der Astronomie gewidmet ist.

542

**542**

In der Nacht verwandelt sich Los Angeles in ein Meer aus Licht. Das bis zu 19 000 Besucher fassende Baseballstadion wirkt wie ein gewaltiges Raumschiff aus einem anderen Sonnensystem.

**543**

Über 17 Millionen Menschen leben im Großraum Los Angeles, der sich über 100 Kilometer an der Küste Kaliforniens entlangzieht.

**544**

Las Vegas im Bundesstaat Nevada ist die Stadt der Spieler und Glücksritter. Um die Besucher zu beeindrucken, wurden viele Baudenkmäler der Welt in verkleinertem Maßstab nachgebaut, darunter auch das Empire State Building und die Freiheitsstatue.

**545**

Eine Stadt des Lichts im Nirgendwo. Las Vegas liegt mitten in der Wüste Nevadas.

MGM

# Chicago

**546**
Vom Wolkenkratzer des John Hancock Centers, das auch »Big John« genannt wird (443 Meter einschließlich der Antennen), hat man freien Blick auf Chicago und das Ufer des Michigansees.

**547**
Das Navy Pier in Chicago schiebt sich in den Michigansee. Im Hintergrund erkennt man den 435 Meter hohen Sears Tower (links) und das John Hancock Center (rechts).

**548**

Der Chicago River mit seinen Schwenkbrücken ist ein Wahrzeichen der Stadtlandschaft.

**549**

Die beiden Rundtürme des Marina City-Komplexes, die »Maiskolbenzwillinge« genannt werden, haben mit ihren unteren Etagen wesentlich dazu beigetragen, die akuten Parkprobleme in Chicagos Innenstadt zu lösen.

# Washington D. C.

**550**

In Washington, D. C. (District of Columbia) erinnern viele Denkmäler an die bewegte Geschichte des Landes. Die zumeist im klassizistischen Stil des 18. Jahrhunderts erbauten Monumente ehren die berühmtesten Präsidenten wie Thomas Jefferson, für dessen Ruhmeshalle (links) das Pantheon in Rom als Vorbild diente. Rechts das Memorial Abraham Lincolns in Gestalt eines dorischen Tempels.

**551**

Der 167 Meter hohe Obelisk des Washington Monuments steht auf gleicher Achse mit der mächtigen Kuppel des Kongressgebäudes.

**552 und 553 links**

Boston, Massachusetts, bietet mit seinen Bauwerken aus verschiedenen Epochen ein sehr abwechslungsreiches Bild, wie hier die Häuser der Back Bay neben den modernen Bürogebäuden des Geschäftsviertels.

**553 Mitte und rechts**

Bosten verfügt über viele institutionelle Einrichtungen wie das Christian Science Center (in der Mitte die üppige Architektur der Mother Church) und Universitäten wie Harvard. Rechts eine Aufnahme von Cambridge, Sitz eines Colleges und benannt nach der englischen Universitätsstadt gleichen Namens.

**554 links**

Das 237 Meter hohe Woolworth Building wurde im neugotischen Stil errichtet, ebenso wie einige der bedeutendsten Sakralbauten New Yorks.

**554 rechts**

Der am hellsten stahlende Wolkenkratzer Manhattans ist das Chrysler Building, dessen stahlverkleidete Fassade 314 Meter hoch in den Himmel ragt.

**555**

Die Südspitze der Insel Manhattan, an der der Hudson River und der East River zusammenfließen, ist einer der grandiosesten Schauplätze der Welt.

**556**

Der als Rechteck angelegte Central Park inmitten des Häusermeers von New York wirkt wie mit dem Lineal gezogen.

**557**

Zwei weitere legendäre Sehenswürdigkeiten New Yorks sind die Brooklyn Bridge (links) und die Manhattan Bridge (rechts) über den East River. Sie verbinden die beiden Stadtteile gleichen Namens miteinander.

# Miami

**558**

Der von Wasser umgebene Miami Beach in Florida ist ein dicht bebauter Streifen Land entlang der Küste, der im Volksmund als »Millionen Dollar schwerer Sandstreifen« bezeichnet wird.

**559**

Anmutige Privathäuser und Luxushotels machen sich in Miami Beach den Platz streitig. Der Süden Floridas ist eine atemberaubende Kombination aus Meer und Festland.

**560**

Die unter dem Einfluss von Sonne und Meer häufig rasch wechselnden Lichterscheinungen über der Karibik bestimmen die Atmosphäre Havannas, der Hauptstadt von Kuba.

**561**

Das Nacional Capitolio von Havanna ist eine kleinere Kopie des Kapitols in Washington. Heute beherbergt es die Akademie der Wissenschaften.

**562 und 563**

Im Zentrum von Mexiko-Stadt erhebt sich die Pfarrkirche Sagrario Metropolitano vor dem ausgedehnten »Forum« der Plaza de la Constitutión, des zweitgrößten öffentlichen Platzes der Welt. Hier stand einst der Palast des Aztekenherrschers Montezuma II.

**564**

Rio de Janeiro in Brasilien ist eine Hafenstadt an der Baia del Guanabra. Sie wird beherrscht vom Zuckerhut (hinten rechts) und dem Corcovado mit der 38 Meter hohen Christusstatue aus Beton, die seit 1938 über die Stadt blickt.

**565**

Rio de Janeiro ist die Stadt der tausend Gesichter, in der sich die Gegebenheiten der Natur mit den Ansprüchen der Menschen verbinden.

# Buenos Aires

**566**

Die Kirche San Pedro Gonzalez Telmo in Buenos Aires ist eine von 22 Stadtteilkirchen der argentinischen Hauptstadt. Die Jesuiten begannen 1784 mit dem Bau, der erst 22 Jahre später vollendet wurde.

**567**

Die Avenida 9 de Julio führt durch das Zentrum von Buenos Aires. Die Prachtallee besteht aus 16 Fahrspuren und hat eine Breite von beinahe unvorstellbaren 1000 Metern.

# RUINENWELTEN

## FLYING HIGH

**569**
Der Sphinx von Giseh (links); das griechische Theater in Segesta, Italien (rechts).



Im ausgehenden 18. Jahrhundert ereignete sich etwas vollkommen Neues. An den von den Gebrüdern Montgolfier entwickelten Ballons hingen einige auserwählte Aeronauten und konnten die Paläste und Gärten von Versailles, die Schieferdächer des Louvre, die Türme von Notre Dame und das Panorama von Paris aus der Luft betrachten. Auf festen Boden zurückgekehrt, bereicherten ihre aus der Vogelperspektive gewonnenen Eindrücke die Diskussionen von Wissenschaftlern und Akademikern ebenso wie die Unterhaltungen der einfachen Leute.

Wenig später gelangte die Erfindung – wie so oft – in die Hände der Militärs. Aber die englischen Kanonen bei Abukir zerstörten die aerostatische Ausrüstung und hinderten somit Napoleons Offiziere daran, die ägyptischen Pyramiden nicht nur in sengender Hitze vom Boden aus zu bestaunen, sondern auch aus der Luft. Die Luftwege waren jedoch eröffnet, und bald war es möglich, Teile einer versunkenen Welt zu enthüllen, die die Zeit zwar entstellt hatte, die man aber aus luftiger Perspektive noch gut erkennt: Ruinen vorgeschichtlicher Siedlungen, Mauern, Türme, Paläste, Pyramiden, Tempel, Mausoleen und Kanäle.

Alle großen Werke erscheinen, vor allem von oben gesehen, so, als hätte der Mensch der Vergangenheit keine andere Wahl gehabt, als in großen Dimensionen zu denken und zu handeln, wenn er etwas erbaute oder schuf, was gewöhnlich im Namen der Götter erfolgte. Von allen Ländern kann Ägypten die meisten und deutlichsten Zeichen seiner Geschichte vorweisen. Aus der Luft betrachtet wirkt die überwältigende Monumentalität der Pyramiden (zumindest der weni-

**570**
Das »Amphitheatrum Flavium« in Rom, besser bekannt als Colosseum, wurde 75 n. Chr. von Kaiser Vespasian in Auftrag gegeben und nach fünf Jahren Bauzeit von Titus eröffnet.

# Ruinenwelten

gen gut erhaltenen; viele sind zerfallen und könnten mit auf natürliche Weise erodierten Hügeln verwechselt werden) noch viel gewaltiger, auch weil man ihre ursprüngliche Anlage erahnen kann.
Auch die bescheideneren ewigen Domizile der königlichen Beamten in ihren ordentlichen Reihen aus »bankähnlichen« Gräbern, die an moderne, aus dem Nichts heraus konstruierte Wohngebiete erinnern, treten von oben viel deutlicher ins Blickfeld.
Das weiter südlich gelegene Theben stellt die beklemmend hohen Säulen der Tempel von Karnak und Luxor zur Schau, dieser göttlichen Unterkünfte, die sich dem Lauf der Zeit entgegenstemmen und deshalb noch erstaunlicher wirken.
Biban el-Moluk im Westen beherbergt die dunklen Tiefen des Tals der Könige sowie des Tals der Königinnen mit ihren winzig wirkenden Eingängen zu den monarchischen Ruhestätten. Am Fuß des el-Qurn, des heiligen thebanischen Berges, öffnet sich eines der spektakulärsten natürlichen Amphitheater der Welt mit den Tempeln von Hatschepsut, Mentuhotep und Thutmosis. Diese Anlagen folgen noch heute, geschmiegt an eine Felswand, die wie die senkrechte Verlängerung der Bauwerke wirkt, dem Streben ihrer Erbauer nach Dauerhaftigkeit.
Übrall auf der Welt hat der Mensch versucht, bei der Errichtung von Denkmälern Beweise seiner Größe, seiner Leistungen, aber auch seiner Beschränkungen zu hinterlassen. Die chinesische Mauer und der Hadrianswall zwischen Carlisle and Newcastle sind beeindruckende Beispiele hierfür. Ohne Rücksicht auf die Gegebenheiten der Landschaft schiebt sich das Mauerwerk trotzig an kilometerlangen Grenzen entlang, die 1000 oder gar 10 000 Jahre überdauern sollten. Tasächlich folgen ihre Drachenrücken dem Profil der Höhenzüge mit unerschütterlicher Präzision, unbeeinflusst von Hängen und rauen Bedingungen. Sie erstrecken sich von Ost nach West über trostloses Gelände, von dem man sich nicht vorstellen kann, dass Menschen – »Barbaren« – jenseits dieser Grenzen gelebt und die Reiche bedroht haben könnten, die sich hinter den Mauern zu verstecken suchten. Im

# Ruinenwelten

einsamen Land des Nordens haben diese Werke viel von ihrer ehemaligen Größe verloren, und doch existieren sie noch und stemmen sich dem Wind noch heute ebenso entgegen wie zur Zeit der großen Kaiser.

Aber Asien hat mehr als nur Grenzverläufe vorzuweisen, die von seiner langen Geschichte zeugen. Monumentale Tempel haben Jahrhunderte überdauert und sind inzwischen deutlich erkennbar, nachdem die Wälder zurückgedrängt wurden. Die Tempel der Khmer in Kambodscha enthüllen ein perfektes Gewebe dünner Wände, alter Staßen und schnurgerader Kanäle zwischen den wichtigen Punkten, die durch hohe Turmspitzen, maiskolben- und glockenförmige Reliquiare oder Terrassen gekennzeichnet sind.

Die Vision eines Mandala aus skulptierten Steinen statt aus farbigen Körnern, wie sie die tibetischen Mönche verwendet haben, wartet auf diejenigen, die über den Borobudur in Indonesien fliegen. Ein Berg mit einer kreuzförmigen Umfassung, übersät mit Kapellen, die ein bis heute rätselhaftes Muster ergeben.

Viel weiter im Norden und nur vom Flugzeug aus sichtbar beginnt in der Ferne, unter den goldenen Dächern der Potala von Lhasa und von aus Lehm errichteten Klöstern umgeben, einer der eindrucksvollsten Paläste Gestalt anzunehmen. Die dünne Luft auf dem Dach der Welt verleiht diesen Bauwerken in Rot-, Weiß- und Brauntönen, die trotz der Trockenheit der Landschaft ihren Glanz behalten haben, eine außergewöhnliche Ausstrahlungskraft.

In Europa wuchern die Zeugnisse der Vergangenheit in noch verwirrenderer Fülle. Berücksichtigt man die Jahrtausende lange Koninuität der Besiedelung auf dieser am westlichsten gelegen Halbinsel Eurasiens und bedenkt man die geringe Ausdehnung des Gebietes, liegen die Denkmäler übereinander geschichtet. Häufig sind sie eingebettet ins Gewebe der Stadt, die sie von allen Seiten bedrängt und ihnen nur einen schmalen »Streifen der Ehrfurcht« gewährt, auf dem sie ihre Pracht entfalten können. Das Forum Romanum in Rom lädt dazu ein, sich die glänzenden Räume vorzustellen, in denen die Cäsaren triumphierten

# Ruinenwelten

wie auf die Erde herabgestiegene Götter. Das Colosseum erblüht – umringt von Verkehrsadern – wie eine Marmorblume inmitten der Stadt, ebenso wie die Engelsburg am Ufer des Tiber. Die Peterskirche umarmt die Christenheit mit der entwaffnenden Schlichtheit der von Bernini entworfenen Kolonnaden, und ihre mächtige Kuppel verspricht all denen Zuflucht, die guten Willens sind.

Die prächtigen Säulen der von Perikles erbauten Akropolis, das Griechische und das Römische Forum bleichen unter der Sonne Athens. In Istanbul recken sich Dutzende von Minaretten über grauen Kuppeln, die zu Grün oxidieren, in den Himmel. Auch hier erstickt alles unter einer Glocke aus Smog, deren Dunst fast wie ein schwerer Schleier wirkt, den die Vergangenheit über die Stadt wirft.

Aber nicht alle Zeugen von Europas Geschichte sind Gefangene der Gegenwart. Der Abgrund der Zeit, der uns von den Ahnen, von ihren spirituellen Gebräuchen und Bedürfnissen trennt, die die Menschen zu Stätten wie Stonehenge und Amesbury in England sowie Carnac in Frankreich gezogen haben, hat auch dazu beigetragen, dass diese Wunderwerke verhältnismäßig ungestört in der Landschaft überdauern konnten. Hier zeigen sie weiterhin – wie in uralten Zeiten – die Bewegungen der Gestirne und den Lauf der Jahreszeiten an und bieten einen heiligen Ort des Schutzes. Hier werfen sie seit ihrem Bestehen ihre Schatten auf das Gras: einfach, aber doch auch magisch.

Auch in Amerika erinnern der Zeit trotzende Denkmäler an die Autorität der Ahnen. Türme und Häuser aus Lehmziegeln füllen die Spalten in den Sandsteinwänden der Canyons in den Wüsten der Vereinigten Staaten. Schauplätze wie Mesa Verde nötigen Respekt ab für jene, die hier gelebt haben, so sehr im Einklang mit der Natur, dass sie es verstanden, an solch unzugänglichen Orten zu existieren. Die großen Kultstätten der Tolteken, Azteken und Mayas mit ihren Pyramiden und Altären waren vermutlich zu keiner Zeit durchgehend bewohnte »Städte« nach unserer Vorstellung, sondern Besuchsorte bei Feierlichkeiten und an Markttagen. Aus der Luft wirkt ihre Anlage fast ver-

# Ruinenwelten

traut. Beim Überfliegen von Giseh, Saqqara, Angkor Wat, Borobudur, der Verbotenen Stadt und vorgeschichtlicher Hügel in Nordamerika und England fallen die Ähnlichkeiten auf. Es sind von Menschenhand für das Auge der Götter errichtete Berge. Gleichzeitig werden sie umrahmt von einer peinlich genauen Anordnung von Straßen, Wegen, Altären, Grabstätten und heiligen Seen. Auf diese Weise drückt sich der ihrer Monumentalität innewohnende Opfergedanke aus und ein künstlich geschaffener »mundus« bezeugt Respekt vor der Natur und der natürlichen Ordnung. Doch auch hier offenbart sich in dem – von Priesterkönigen entworfenen – Plan der Anlagen die Absicht, den »mundus« vor dem Chaos zu bewahren, und sei es um den Preis von Menschenleben.

Machu Picchu ist eines der eindrucksvollsten Wahrzeichen der Geschichte. Die Inkas hätten wohl keinen seltsameren Ort wählen können, um dort ihre Verteidigungsanlagen zu errichten. Aber auch keinen schöneren: Auf einem über 2000 Meter hohen Bergsattel liegt Machu Picchu eingezwängt zwischen zwei bewaldeten Tälern.

Bevor sich der Kreis schließt, sei eines der größten Rätsel der Menschheitsgeschichte erwähnt: Manche Leute meinen, dass die Weisen eines obskuren präkolumbianischen Volkes, der Nazca, nur dann die Ausführung der eindrucksvollen Geoglyphen, die in den steinharten und knochentrocken Boden der Pampa de Ingenios in Peru eingekratzt sind, überwacht haben können, wenn sie auf einer Art Flugdrachen oder in einem Ballon über dem Gelände schwebten. Auch wenn es dafür keine Beweise gibt, bleibt die Tatsache, dass die linearen Gebilde ausschließlich aus der Luft wahrzunehmen sind.

**576**

Die vorgeschichtliche Steinkreisanlage von Stonehenge in der Salisbury Plain in Südengland wurde in mehreren Baubaschnitten zwischen 3000 und 1000 v. Chr. errichtet.

**577**

Zwischen 122 und 128 ließ Kaiser Hadrian im Norden Englands den nach ihm benannten Wall errichten, der das Eindringen keltischer Stämme in den von den Römern besetzten Teil Britanniens verhindern sollte.

**578**

Die unterirdisch gelegenen Teile der Festung Lecanbauile in Irland sind durch einen Felsenkorridor zugänglich.

**579 links**

Die Festung Cahergeal in der irischen Grafschaft Kerry besteht aus konzentrischen Ringmauern, die übereinander angelegt wurden.

**579 rechts**

Das bedeutendste vorgeschichtliche Denkmal Irlands ist Newgrange in der Grafschaft Meath, das auf circa 3200 v. Chr. datiert wird.

**580 und 581**

Das größte Amphitheater Frankreichs steht in Arles und stammt aus der Zeit Kaiser Hadrians. Das Oval ist 106 Meter breit, 137 Meter lang und konnte bis zu 24 000 Besucher aufnehmen. Es wird heute als Stierkampfarena genutzt.

582

**582**

Auf dem Palatin, einem der Hügel Roms, auf denen Romulus die Stadt gründete und die vornehmen Römer ihre Villen bauten, standen die Paläste der römischen Kaiser. Im Hintergrund das Kolosseum.

**583**

Im Mittelpunkt des antiken Stadtgebiets von Rom lag das Forum Romanum. Hier konzentrierte sich das politische wie wirtschaftliche Leben und das Gerichtswesen. Unter anderem befanden sich hier das Comitium (der Volksversammlungplatz), der Tagungsort des Senats (Curia) und die Rednerbühne.

**584**

Die Trajanischen Märkte in Rom sind ein großer Komplex aus Ziegelbauten aus dem 2. Jahrhundert n. Chr.

**585**

Das Pantheon auf dem Marsfeld in Rom ist ein prachtvoller Rundbau aus der römischen Antike. Es wurde 25 v. Chr. von Agrippa eingeweiht und unter Kaiser Hadrian zwischen 118 und 128 n. Chr. erneuert.

**586 links**

Das Mausoleum des Augustus, das der Kaiser 28 v. Chr. als seine Grabstätte und die seiner Nachfolger errichten ließ.

**586 rechts**

Die Bäder des Diokletian auf der Ebene zwischen dem Viminal und Quirinal wurden von Maximian zu Ehren Diokletians im ausgehenden 3. Jahrhundert n. Chr. erbaut.

**587**

Die Caracallathermen, eine große Bäderanlage im Süden Roms aus dem beginnenden 3. Jahrhundert, zählen zu den am besten erhaltenen Thermenanlagen der Antike.

**588**

Das aus dem Jahr 80 v. Chr. stammende große Amphitheater und das Odeion in Pompeji vor der mächtigen Kulisse des Vesuvs.

**589**

Zu den öffentlichen Gebäuden des Forums in Pompeji gehörte das Macellum, das bei der Versorgung der Stadtbewohner mit Nahrungsmitteln eine bedeutende Rolle spielte.

590

**590 links**

Die dorischen Tempel von Paestum in der Campania gehören zu den sehr gut erhaltenen Bauwerken der griechischen Antike.

**590 rechts**

Die Ursprünge des »griechischen« Theaters in Taormina auf Sizilien liegen im Dunkeln. In römischer Zeit wurde die Anlage erneuert.

**591**

Das Tal der Tempel in Agrigent besteht aus dorischen Gebäuden aus dem 5. Jahrhundert v. Chr. Es verweist auf den griechischen Ursprung der Stadt.

**592**
**Das Parthenon, das die Akropolis von Athen beherrscht, verdankt seine Pracht der Brillanz des Phidias, der den Bau zwischen 447 und 438 v. Chr. vollenden ließ.**

**594–595**

Das archäologische Ruinenfeld von Delphi in Griechenland wurde im 9. und 8. Jahrhundert v. Chr. das Zentrum des Kults des Apollon und war Sitz des Orakels der Sibylle, deren Weissagungen es zu einer der großen Kultstätten der Antike machten.

**596**

In der Landschaft Argolis in Griechenland steht die Ruinenstätte von Mykene, eine neolithische Siedlung, in der sich unter dem Enfluss des minoischen Kreta die bedeutendste griechische Zivilisation der Bronzezeit, die mykenische Kultur, entwickelte.

**597**

Die Tempelruinen der Fruchtbarkeitsgöttin auf Delos, einer griechischen Insel in der Gruppe der Kykladen, sind Zeugnisse der bis ins 3. Jahrtausend v. Chr. zurückreichenden kykladischen Kultur.

**598**

Der Pyramidenkomplex von Giseh am Stadtrand von Kairo mit den gigantischen Grabstätten der Pharaonen Cheops, Chephren und Menkaure zählt zu den sieben Wundern der antiken Welt.

**599**

Der große Sphinx von Giseh ist 20 Meter hoch, fast 57 Meter lang und trägt wahrscheinlich die Gesichtszüge des Pharaos Chephren.

**600**

Mit dem Bau des Tempels von Luxor am Ostufer des Nil wurde unter Pharao Amenophis III. begonnen.

**601**

Eine Allee aus Sphingen verband den Tempel von Luxor mit dem ausgedehnten Tempelkomplex von Karnak.

**602**

Das Plateau von Deir el-Bahari in Theben West umfasst die Königstempel von Mentuhotep II., Thutmosis III. und der Königin Hatschepsut.

**603**

Vier 20 Meter hohe, aus dem Fels gemeißelte Kolossalfiguren flankieren den Eingang zum großen Tempel Ramses II. in Abu Simbel.

604
Auf einem Hügel bei Bethlehem stehen die Überreste des Herodions, einer von König Herodes angelegten ringförmigen Festung.

605
Die Festung Masada in Israel wurde auf Befehl von König Herodes errichtet und sollte die Straße schützen, die nach Jerusalem und ans Tote Meer führte.

**606 und 607**

Wo sich heute die Ruinenstätte Petra im südlichen Jordanien erstreckt, lag um 1000 v. Chr. die Hauptstadt des Reichs der Nabatäer. Rechts erkennt man das Kloster von Ad-Dayr und schräg dahinter ein monumentales Felsengrab.

**608–609**

Die Ruinen von Persepolis im heutigen Iran sind die letzten Zeugen eines gewaltigen Palastkomplexes, mit dessen Bau 512 v. Chr. begonnen und der erst 150 Jahre später fertig gestellt wurde. Während der Regierungszeit Alexanders des Großen hat man die Anlage 331 v. Chr. niedergebrannt, vermutlich als Vergeltung für die Zerstörung Athens durch den Perserkönig Xerxes.

**610 und 611**

Mit dem Bau der chinesischen Mauer wurde im 3. Jahrhundert v. Chr. begonnen. Sie verband mehrere Festungen und sollte die Nordgrenze des Landes vor den Mongolen schützen.

**612 und 613**

Pagan in Birma, die Hauptstadt des Königreichs gleichen Namens, das zwischen dem 11. und 12. Jahrhundert eine Blütezeit erlebte, verfügt über rund 13 000 Sakralbauten wie Pagoden, Tempel und Klöster.

# Ruinen-welten

**614 und 615**

Vier Jahrhunderte lang war Ayutthaya in Thailand die Hauptstadt des Königreichs Siam, bevor es 1767 von den Birmanen zerstört wurde. Ayutthaya beherbergt die Tempelanlagen von Wat Mahathat (links) und Wat Phra Si Sanphet (rechts).

**616**

Das bedeutendste historische Bauwerk in der Khmerstadt Angkor, die zwischen dem 9. und 14. Jahrhundert in Kambodscha angelegt wurde, ist der Tempel von Angkor Wat, der von einem 1,3 mal 1,5 Kilometer großen Graben umgeben ist.

**617**

Eine weitere Kostbarkeit Angkors ist der Tempel von Bayon, dessen 54 Türme mit den Skulpturen lächelnder Gesichter geschmückt sind, die, wie viele meinen, Buddha darstellen sollen.

**618 und 619**

Der Tempel von Borobudur auf der Insel Java in Indonesien entstand im 9. Jahrhundert n. Chr. und wurde im 11. Jahrhundert verlassen. Sein Architekturstil beeinflusste viele andere sakrale Bauwerke in diesem Gebiet.

# Amerika

**620 und 621**
**Die Mesa Verde in Colorado ist sowohl landschaftlich als auch aus archäologischer Sicht interessant. Zwischen dem 7. und 14. Jahrhundert siedelte hier ein Volk, das im Schatten der Canyons ausgedehnte Dörfer und Wohngebäude angelegt hat.**

**622 und 623**

Die Allee der Toten teilt Teotihuacán, die »Stadt der Götter« in Mexiko, in zwei Teile. Die beiden beachtlichsten Denkmäler sind die Sonnenpyramide, die auf beiden Aufnahmen links zu sehen ist, und die etwas kleinere Mondpyramide auf dem Foto rechts.

**624 und 625**

Eine der bedeutendsten archäologischen Stätten Mexikos ist die Ruinenanlage von Palenque, einst eines der größten religiösen und kultischen Zentren der Mayakultur und heute Ziel vieler Touristen im Gebiet von Chiapas.

**626 und 627**

Chichen Itza auf der Halbinsel Yucatan in Mexico war eine der prachtvollsten Städte des Mayareiches. Zu den Überresten gehört unter anderem die Pyramide von Kukulcan, von den spanischen Eroberern »El Castillo« genannt.

**628**

Wegen seiner schwer zugänglichen Lage hoch in den Anden und der außergewöhnlichen Bauweise der Anlage gilt Machu Picchu als eine der interessantesten und rätselhaftesten historischen Stätten der Welt.

**629**

Die Terrassenanlagen in den Randgebieten von Machu Picchu dienten wahrscheinlich dem Anbau von Nahrungsmitteln.

630

**630 und 631**

Die Stadt Nazca in den südperuanischen Anden war das Zentrum der Nazcakultur, die sich hier zwischen dem 3. und 10. Jahrhundert n. Chr. ausbreitete. In den felsigen Wüstenboden sind auf einer Fläche von schätzungsweise 50 Quadratkilometern die Bilder von stilisierten Kondoren im Durchmesser von bis zu 120 Metern eingezeichnet, was offensichtlich mit dem Glauben der Bevölkerung an Tierdämonen zusammenhing.

**Enrico Lavagno** wurde 1962 in Turin geboren. Er widmete sich altsprachlichen Studien und ist darüber hinaus ein Experte für orientalische Kulturen. Er arbeitet seit vielen Jahren für den Verlag White Star, besonders in den Bereichen Archäologie, Geschichte und Kunst. Er hat viele Titel aus diesen Gebieten aus dem Englischen und Französischen ins Italienische übersetzt; unter anderem die ungekürzte Ausgabe von David Roberts' Meisterwerken *The Holy Land and Egypt and Nubia* (White Star, 2000), *Ramses II* von T. G. H. James (White Star, 2001) und *The Valley of the Kings* (White Star, 2001), herausgegeben und zum Teil mitverfasst von dem Archäologen Kent Weeks. Lavagno übersetzte einige Bücher der National Geographic Buchreihe und hatte Anteil an der redaktionellen Betreuung des Bestsellers *Marco Polo, a Photographer's Journey* (White Star, 2002), ein in verschiedenen Ländern erfolgreicher Band über die dreijährige Reise des National Geographic-Fotografen Michael Yamashita auf den Spuren des berühmten Venezianers. Enrico Lavagno ist Koautor des Buches *The Holy Land, Guide to the Archaeological Sites of Israel, Sinai and Jordan* (White Star, 2001).

# Register

**A**
Abidjan 134
Abu Simbel 603
Abukir 571
Ad-Dayr 606
Afghanistan 325
Afrika 147, 171, 208, 233, 295, 329, 348, 409, 599, 604
Aghurmi 417
Agrigent 590
Ägypten 9, 79, 80, 82, 172, 326, 353, 401, 405, 417, 571, 599, 600, 603
Aiguille 52
Alaska 140, 247, 249
Alexander der Große 606
Alfama 462
Algarve 57
Algerien 412
Alpen 151, 208, 211, 212, 220, 225
Alpen, Italienische 219
Alpen, Schweizer 212
Alpen, Stubaier 212
Altar Desert 448
Ama Dablam 241, 243
Amazonas 21, 276, 279, 325
Amazonasgebiet 275
Amenophis III. 600
American Falls 378
Amerika/Vereinigte Staaten von Amerika/Vereinigte Staaten/USA 9, 22, 119, 123, 192, 195, 244, 254, 263, 276, 279, 306, 310, 326, 377, 405, 439, 448, 531, 534, 621
Amsterdam 475
Amun 417
Anak Krakata 210
Anavilhanas Archipel 392
Anden 208, 269, 403, 630
Angel Falls 275, 326, 391
Angkor 617
Angkor Wat 574, 617
Annapurna 21, 243
Antanarivo 178
Antarktis 139, 142
Antarktische Halbinsel 39
Aostatal 162
Apennin 151
Apennin, Emilia Romagna 166
Appalachian Mountains 149, 211
Apulien 151
Argentinien 23, 202, 267, 321, 392, 567
Argolis 597
Arizona 209, 403, 405, 445
Arktis 139
Arles 581
Ärmelkanal 52
Arnhem 371
Arno 493
Arrowtown 275
Artus, König 47
Asien 22, 148, 150, 180, 186, 208, 234, 276, 300, 325, 403, 425, 459, 573
Asimov, Isaac 459
Assuan 353
Atacamawüste 38, 403, 452
Atakor 412
Athen 499, 574, 593
Äthiopien 147, 208, 354
Atlantik/Atlantischer Ozean 41, 57, 116, 119, 120, 123, 131, 339, 357
Atlas 208
Atrani, Dorf 68
Auckland 528
Aude 158
Augustus, Kaiser 586
Australien 38, 99, 100, 371, 401, 403, 434, 460, 525, 526
Auyantepui, Hochland (Teufelsberg) 314
Ayers Rock 434
Ayutthaya 615

**B**
Badlands 149
Bahamas 129, 131
Baikalsee 37
Baja California 114, 448
Baker 296
Balaia 57
Bali 94, 147, 186
Bamianseen 325
Banff-Nationalpark 250, 377
Bangkok 457, 513
Barcelona 467
Bayon 617
Beachy Head 50
Beauce 158
Beaufortsee 140
Beersheba 427

# Register



Belize 127
Berlin 457, 480
Bernini 496
Bethlehem 180, 604
Biban el-Moluk 572
Big Island 110, 190
Big-Russell-Gletscher 247
Big Sur, Küste von 113
Birma 613
Black Hills 149
Blériot, Louis 52
Bolivar 325
Bolivien 325
Bonifacio 62
Bora Bora 25, 35, 103
Borneo 276
Borobudur 573, 575, 619
Bosporus 508
Boston 553
Botswana 361
Bowling Green Bay 371
Brabant, Morne 87
Brasilia 459
Brasilien 319, 392, 565
Brenta 207, 226, 228
Brenta Adamello, Nationalpark 228
British Columbia 309, 532
Bryce Canyon 443
Budapest 482
Buddha 617
Budelli, Insel 70
Buenos Aires 567
Burley Griffin Lake 460
Burton 296
Buskerud, Hochland 284

**C**
Cagliari 35
Cahergeal, Festung 579
Cala Feola, See 66
Camargue 25, 339
Camogli 65
Campania 590
Canadian Falls 378
Canberra 460
Cannes 60
Canyonlands-Nationalpark 441
Capri 68
Caracalla (Marcus Aurelius Antonius Bassianus) 586
Carnac 574
Catinaccio-Gruppe (Rosengarten) 228
Cavallo, Insel 62
Cayo Coco 127
Cerro Torre 267
Charlevoix 306
Cheops 599
Chephren 599
Chiang Yang (Blauer Fluss) 327, 363
Chianti 150
Chiapas 624
Chicago 327, 457, 458, 546, 549
Chicago River 549
Chichen Itza 626
Chile 267, 269, 403
Chiloé, Insel 148
China 183, 237, 300, 363, 431, 432, 517, 610
Chincoteague 120
Chirico, Giorgio de 459
Cholatse Mountains 241
Colorado 21, 256, 259, 313, 325, 403, 439, 621
Columbia Icefield 250
Cork, Grafschaft 44, 152
Cornwall 47
Cortés-See 114
Costa Rica 319
Cotopaxi 264
Cumbria 336

**D**
Daintree River 367
Dalí, Salvador 409
Death Valley 447
Deir el-Bahari 603
Delos 597
Delphi 594
Dent du Géant 220
Derentwater Lake 336
Deutschland 277
Devil's Swamp Lake 386
Devon 277
Diamond Head, Krater 531
Diokletian, Kaiser 586
Diosso 295
Doinyo Lengai 233
Dolomiten 207, 208, 226, 228, 231
Dom Pedro IV. 462
Donau 346
Dorset 50
Droites 225
Drygalski Ice Tongue 142
Dublin 468
Dufourspitze 219

**E**
East River 554, 557
Ecuador 264, 316
Eiffelturm 477
Eiger, Berg 215
Eilat 427
Eismeer 140
El Capitan 263
Elafonisos 72
Elfenbeinküste 134
Elisabeth I., Königin 468
Elk Mountains 259
England 47, 48, 50, 277, 336, 574, 576
Estérel-Massiv 60
Eurasien 573
Europa 148, 152, 212, 219, 277, 280, 407, 467, 573, 574, 576

**F**
Fairbanks 275
Farafra Oase 405
Fatehpur Sikri 183
Ferner Osten 458
Fethiye 77
Fes 171
Finnland 280, 282
Florenz 493
Florida 123, 125, 327, 559
Foucault 411
Frankreich 52, 55, 60, 62, 158, 220, 277, 339, 574, 581

# Register

Frazer Island 305, 373
Friaul-Venezia-Giulia 344

**G**
Galley Head 44
Garonne 158
Gaudi, Antoni 467
Gelber Fluss 363
Gesellschaftsinseln 103
Gibraltar, Felsen von 58
Giseh 571, 575, 599
Gnifettispitze 219
Gobi 403, 431
Goldenes Horn 508
Grand Teton, Nationalpark 313
Grant 296
Griechenland 72, 75, 593, 594, 597
Grimm 277
Grohmann, Paul 231
Großbritannien 154
Guadalupe 132
Guinea, Golf von 357
Gunnison, County 313

**H**
Hadrian, Kaiser 576, 581, 585
Hadrianswall 576
Half Dome 263
Hanalei Valley 190
Hancock County 9
Hatschepsut 572, 603
Havanna 560
Hawaii 110, 190, 210, 329, 375, 531
Himalaya 150, 208, 209, 211, 277
Hindukusch 208
Holland 475
Hongkong 521
Honoka'a 190
Honolulu 531
Hudson River 554
Huron, Lake 381

**I**
Ica 451
Iguazu, Wasserfälle 392
Ile de la Digue 87
Illinois 546
Indien 183
Indischer Ozean 85
Indonesien 186, 573, 619
Innerhofer, F. 231
Iran 606
Irian Bariat 302
Irland 43, 44, 151, 468, 579
Islamabad 460
Island 331
Israel 180, 427, 604
Istanbul 459, 508
Italien 35, 65, 66, 68, 70, 147, 150, 162, 165, 166, 207, 220, 231, 292, 342, 571
Iwadi Rum, Wüste 428

**J**
Jasper-Nationalpark 250
Java, Insel 619
Jefferson, Thomas 550
Jemen 401
Jerusalem 511, 604
Jezreel, Tal 180
Jordan 149, 209, 428, 606

**K**
K2 21, 237
Kairo 457, 459, 504
Kakadu-Nationalpark 368, 371
Kalaupapa-Nationalpark 375
Kalifornien 196, 198, 261, 263, 447, 536, 541
Kambodscha 573, 617
Kanada 117, 139, 140, 192, 195, 196, 244, 250, 253, 275, 309, 532, 534
Kap der Guten Hoffnung 39
Kapstadt 506
Karibik 560
Karnak 572, 600
Kas 77
Kaspisches Meer 37
Kata Tjuta 434
Kauai 110, 190
Kellerwald 289
Kendal 154
Kenia 147, 176, 354
Kerry, Grafschaft 43, 579
Khumbu 241
Kibo 233
Kilimandscharo, Berg 233
Kitka, Fluss 280
Kitkajoki, Fluss 282
Kitkkajarvisee 282
Kluane-Nationalpark 244
Kongo 275, 276, 357
Korallenmeer 367
Korsika 62
Krakatau 210
Kuala Lumpur 458
Kuba 127, 198, 560
Kuilou, Becken von 357
Kuusamo 333
Kykladen, Inselgruppe 75, 597

**L**
La Morra 147c
Laguna de San Ignacio 448
Lake District 154, 336
Lampedusa 70
Lancaster 336
Langhe 151, 162
Lanin-Nationalpark 321
Las Vegas 544
Laurentiden 306
Lava Dome, Berg 254
Lawrence, T. H. 428
Lecanbauile 579
Lerins, Iles de 60
Lhasa 573
Liffey River 468
Lincoln, Abraham 550
Linosa 70
Lissabon 457, 462
Little Swanport 188
Livermore 196
Livingstone 296
London 457, 470, 472
Los Angeles 38, 113, 541, 542
Los Roques-Archipel 132
Lossie River 287
Lough Gill 334
Lough Ree 334

# Register


Louisiana 386, 389
Luxor 172, 348, 351, 572, 600

**M**
Machu Picchu 575, 628
Mackinac Island 381
Madagaskar 178, 298
Madrid 464
Magdaleneninseln 117
Magellanstraße 39
Maine 119
Ma'le Akrabim 427
Malediven 88
Manasarowarsee 325
Mandelieu-la-Napoule 60
Manhattan 25, 460, 554, 557
Manitoba 309
Manneporte 52
Manzalasee 9
Marcellina Mountain 313
Marmoladagruppe 231
Marokko 171
Masada 604
Massachusetts 150, 553
Mataiva, Lagune von 105
Matterhorn, (Monte Cervino) 212, 217
Maui-Archipel 375
Mauna Kea 190, 210
Mauretanien 418
Mauritius, Insel 87
Maximian, Kaiser 586
Maze, The 441
Meath, Grafschaft 579
Melbourne 525, 520
Menkaure 599
Mentuhotep 572
Mentuhotep II. 603
Mesa Verde 621
Meseta, Plateau 464
Messaria, Dorf 75
Mexiko 114, 623, 624
Mexiko, Golf von 123, 125, 389
Mexiko-Stadt 459, 562
Miami Beach 559
Michigansee 327, 458, 546
Midi, Canal du 339
Mississippi 325, 327, 389
Missouri 327
Mittelmeer 37, 38, 60, 61, 75, 467
Miyaluo, Region 300
Mohammed 401
Molokai, Insel 375
Monferrato 151
Mongolei 23, 148
Mont Blanc 220, 225
Montana 196
Monte Guardia 66
Monte Rosa 219
Montezuma II. 562
Montgolfier, Gebrüder 571
Montreal 534
Monument Valley 209, 405, 445
Moskau 503
Moses 425
Mount Cook 207, 270
Mount Everest 208, 234, 241
Mount Fitz Roy, (El Chalten) 267
Mount Logan 244
Mount Makalu 230
Mount Nishpeh 427
Mount Rainier 256
Mount Sinai, (Gebel Musa) 425
Mount St. Helens 254
Mount Whitney 261
Mount Wrangell 249
Mykene 597

**N**
Na Pali, Küste von 110
Nabatäer 606
Nahalal 180
Namibia 137, 401, 421
Namib-Naukluft-Park 401
Namibwüste 402, 421
Napa Valley 198
Napoleon 571
Nassersee 326, 353
Natronsee 325, 354
Nazca 630
Nepal 207, 238, 241
Neuengland/New England 149, 279, 310
Neufundland 39
Neuguinea 276, 302
Neuquén 202
Neuschottland 117
Neuseeland 188, 207, 270, 275, 528
Nevada 544
New Hampshire 277
New York 25, 457, 460, 554, 557
Newa 500
Newgrange 579
Niagarafälle 326, 378
Nicholo, Niok 275
Niemeyer 459
Niger 357
Nigeria 357
Nil 21, 325, 329, 348, 351, 353, 504, 600
Nobile, Umberto 38
Nordhessen 289
Nordinsel Neuseeland 188
Norwegen 284, 327
Nouakchott 418
Nuptse 207, 234
Nyabuyatom 354

**O**
Okawango 329, 361
Olo'Upenal 326
Onaka'a 110
Oregon 276
Osiris 329
Österreich 212, 279, 346, 486
Oulanka 280, 282, 333
Owl's Head, Leuchtturm 119
Ox-Bows River 316
Oxford Beach 48
Ozeanien 188, 270, 305, 434

**P**
Paestum 292, 590
Pagan 613
Pakistan 237, 460
Palatin, Hügel 582
Palauinseln 109
Palenque 624
Palmarola 66
Palouco 106

# Register

Pampa de Ingenios 575
Pampas 202
Panducan, Insel 96
Paris 457, 477, 478, 523, 571
Patagonien 149, 202, 267, 269
Pays de Caux 52
Pazifik/Pazifischer Ozean 17, 35, 99, 110, 114, 403
Pei, I. M. 460
Peking 517
Pelagische Inseln 70
Peloponnes 72
Pentaspitze 231
Perlfluss 521
Persepolis 608
Peru 325, 403, 451, 575
Peter I., Zar 500
Petit Terre Island 132
Petra 403, 606
Phidias 593
Philippinische Inseln 96
Phuket, Insel 35, 93
Piemont 344
Piräus 499
Pjorsa, Fluss 331
Plinius der Ältere 210
Po, Fluss 342, 344
Polarkreis 250, 333
Polarmeer 38
Polynesien 25, 35, 105, 106
Pompeji 589
Ponza, Insel 66
Porte d'Aval 52
Portofino 65
Portugal 57, 58, 462
Potala 573
Powell, Lake 326, 385
Prag 484
Precipitous Bluff 305
Pretoria 176
Punta de Piedade 58

**Q**

Quartu, Golf von 35
Queensland 275, 305, 367
Quirinal 586

**R**

Rajasthan 183
Ramses II. 603
Ras Mohammed, Halbinsel 82
Rawda, Insel 504
Regina Margherita-Hütte 219
Rio Conaco 316
Rio de Janeiro 565
Rio Tejo 462
Roccaspitze 231
Rock Egg, Leuchtturm 119
Rocky Mountains 149, 208, 211, 377
Rom 494, 571, 574, 582, 585
Ross Sea 142
Rotes Meer 36, 80, 82
Rottal 157
Rubondo, Insel 275
Russland 500

**S**

Sabah, Region 364
Saco River 277
Sacramento 38
Sahara 401, 412, 418
Saint-Raphaël 60
Salcher, P. 231
Salento 150
Salerno 292
Salisbury Plain 576
Sambesi, Fluss 326, 358
Sambia 358
San Francisco 113, 457, 536, 538
San Juan Mountains 256
San Rafael Desert 441
Sandwich Harbour, Lagune von 137
Sankt-Lorenz-Golf 117
Sankt-Lorenz-Strom 306
Sankt Petersburg 500
Sansibar 85
Santorin, Insel 75
Saqqara 574
Sarawak, Region 364
Saskatchewan, Provinz 195
Sassolungo 231
Schanghai 23, 458, 519
Schottland 208, 287
Schwarzes Meer 37
Schweiz 279
Scilly-Inseln 48
Scopolo, Fels 68
Segesta 571
Selway Mountains 253
Sequoia-Nationalpark 261
Serbien 346
Serifos 75
Sète 339
Seth 329
Seychellen 87, 298
Shali, Festung 417
Shanfara 401
Shannon River 334
Sharm el-Sheikh 80, 82
Siam 615
Sibirien 327
Siena Crete 166
Sierra Nevada 261, 407
Simbabwe 208, 358
Simpson Desert 437
Sinai 36
Singapur 514
Siwa, Oase 417
Sizilien 590
Skeleton Coast 137
Skellig Rock 43
Sklavensee, Großer 327
Sligo, Grafschaft 44, 334
Sol, Costa del 161
Somerset Level 154
Sossusvlei 401
South Dakota 149
Southern Alps 270
Southwest-Nationalpark 305
Spanien 161, 407, 464, 467
Speke 296
Sri Lanka 91
St. Agnes, Insel 48
St. Elias Mountains 247
Stefansson 140
Stella, Fels 68
Südamerika 22, 403
Südsee 37
Suffolk, Grafschaft 48

# Register

Sulu Islands 96
Sumatra 276
Sussex, Grafschaft 50
Swinford Bridge 336
Sydney 526

**T**
Tafelberg 506
Tadrart Akakus 402
Tagliamento 344
Taipei 458
Taiwan 458
Taklimakan 432
Tal de los Ingenios 198
Tal des Mondes 452
Tamil Nadu, Region 302
Tansania 147, 175, 233, 275, 296, 325, 354
Taormina 590
Tasmania/tasmanisch 188, 305
Tatopani, Dorf 21
Taweche 241
Teotihuacán 623
Thailand 35, 93, 147, 615
Theben 572, 603
Themse 336, 472
Thutmosis 572
Thutmosis III. 603
Tiber 494, 574
Tibet 325
Tintagel, Burg 47
Tintagel, Stadt 47
Tiran, Straße von 80
Titicacasee 325
Titus, Kaiser 571
Tokio 459, 523
Toledo 161
Tolouse 339
Toole County 196
Tortuguero, Naturreservat 319
Totes Meer 37, 604
Tozeur 409
Tramserku 241
Tsavozone 176
Tuamotuinseln 105, 106
Tuareg 401, 411
Tugelafälle 326
Tunesien 409
Turkanasee 354
Türkei 77

**U**
Uccellina, Naturreservat 292
Uluru-Nationalpark 401
Utah 209, 325, 403, 405, 441, 443

**V**
Valmalenco, Tal von 291
Vancouver 532
Vatikan 494
Velika Morava, Fluss 346
Venedig 457, 489, 490
Venezuela 314, 326, 391
Versailles 571
Vesuv 210, 589
Victoriafälle 326, 358
Victoriasee 275, 296
Viminal 586
Virginia 120
Voralpenland, Bayerisches 157

**W**
Wadi Rum 209
Washington, Bundesstaat 195, 254, 256
Washington, D. C. 550
Weiße Wüste 401, 405, 414
Weißes Meer 282
Western Ghats Mountain, Gebirgskette 302
Westmeath, Grafschaft 152
Whiteheaven Beach 100, 367
Whitsunday Islands 367
Whymper, Edward 217
Wien 486, 487
Wilder Freiger, Gletscher 212
Wiltshire 277
Wisconsin 192c
Wrangell Mountains 247
Wyoming 313

**X**
Xi Jiang, Tal des 300

**Y**
Yellowstone 325
Yellowstone Falls, untere 383
Yellowstone Grand Canyon 383
Yellowstone-Nationalpark 325
Yorktown 192
Yosemite-Nationalpark 263
Yucatan 626

**Z**
Zagrosberge 208
Zante (Zacinto) 72

# Bildnachweis

**Alamy Images:** Seite 99, 560
**Theo Allofs/Corbis/Contrasto:** Seite 400
**Arctic Images:** Seite 41
**Jon Arnold/Danita Delimont:** Seite 241 links und rechts
**Yann Arthus–Bertrand/Corbis/Contrasto:** Seiten 9, 10, 40, 56, 57, 59, 74, 75, 76, 77, 94, 95, 96, 97, 98, 100, 101, 130, 131, 133, 134, 135, 137, 142, 146, 170, 171, 178, 179, 182, 183, 186-187, 189, 202, 203, 284-285, 298, 304, 305, 314, 320, 321, 328, 330, 361, 366, 370, 371, 372, 399 links, 419, 420, 434, 450, 451, 456, 466, 467, 476, 477, 478 links, 478 rechts, 479, 499, 512, 513, 523 rechts, 562, 563, 566, 567, 592, 594-595, 596, 597, 614, 615, 627, 630 links, 631
**Art Wolfe:** Seite 234
**Art Wolfe/Danita Delimont:** Seiten 205 links, 242
**Antonio Attini/Archivio White Star:** Seiten 4-5, 12-13, 30-31, 33 links, 42, 43, 44, 45, 64, 65, 70, 71, 110, 111, 112, 113, 127, 144 links, 152, 153, 162, 168-169, 172, 190, 191, 200-201, 313, 323 links, 334, 335, 340, 341, 342 links, 342 rechts, 343, 344, 345, 374, 375, 382, 383, 384, 385, 386, 387, 389, 404, 442, 443, 444, 445, 455 rechts, 461, 468 links, 468 rechts, 469, 470, 471, 492, 493 links, Mitte und rechts, 530, 531, 536, 537, 538, 539, 540, 544, 546, 547, 548, 549 links, 549 rechts, 550 links, 550 rechts, 551, 552, 554 links, 554 rechts, 556, 557, 558, 559 links, 559 rechts, 578, 579 links, 579 rechts, 588, 589, 590 rechts, 591, 622, 623, 628
**AWC Images/Sime Photo/Sie:** Seite 197
**Gianni und Tiziana Baldizzone/Archivio White Star:** Seite 412
**Anthony Bannister/NHPA:** Seite 360
**Bruno Barbey/ Magnum Photos/Contrasto:** Seite 303
**Bruno Barbier/Hemispheres Images:** Seite 409
**Marcello Bertinetti/Archivio White Star:** Seiten 1, 6-7, 8, 11, 14-15, 26-27, 34, 66 links, 66 rechts, 67, 68, 69, 78, 79, 80, 81, 82, 83, 84, 85, 102, 103, 104, 105, 106 links, 106 Mitte, 106 rechts, 107, 132, 140, 145 rechts, 164, 173, 174, 175, 180, 181, 206, 216, 218, 219, 220, 221, 226, 227, 228, 229, 230, 231, 232, 233, 251, 273 rechts, 274, 293, 294, 295, 296, 297, 348, 349, 350, 351, 352, 353, 355, 356, 357 links, 357 rechts, 378, 379, 388, 399 rechts, 413, 414, 415, 416, 417, 438, 439, 455 links, 488, 489, 490, 491, 494, 495, 496 links, 496 rechts, 497, 504 links, 504 rechts, 505, 511, 569 links, 569 rechts, 570, 582, 583, 584, 585, 586 links, 586 rechts, 587, 590 links, 598, 599, 600, 601, 602, 603, 604, 619, 629
**Walter Bibikow/Agefotostock/Contrasto:** Seite 485
**Massimo Borchi/Archivio White Star:** Seiten 310, 311, 553 links, 553 Mitte, 553 rechts, 606, 607, 624, 625
**Livio Bourbon/Archivio White Star:** Seiten 33 rechts, 92, 93 links, 93 rechts, 616, 617
**Tom Boyden/Lonely Planet Images:** Seiten 368, 369
**Gary Braasch/Corbis/Contrasto:** Seite 255
**Wojtek Buss:** Seiten 608-609
**John Carnemolla/ Australian Picture Library/Corbis/Contrasto:** Seiten 526-527
**Mario Colonel:** Seite 217
**Pablo Corral Vega/Corbis/Contrasto:** Seite 264
**M. Delpho/Blickwinkel:** Seiten 288, 289
**Jay Dickman/Corbis/Contrasto:** Seite 315
**Jean Du Boisberranger/Hemispheres Images:** Seiten 90, 91, 306, 307
**Ric Ergenbrechts/Corbis/Contrasto:** Seite 157
**ESA/PLI/Corbis/Contrasto:** Seite 16
**Eye Ubiquitous/Corbis/Contrasto:** Seiten 462 rechts, 463
**Jean Paul Ferrero/Auscape:** Seiten 436, 437
**Kevin Fleming/Corbis/Contrasto:** Seite 188
**Stephane Frances/Hemispheres Images:** Seiten 408, 506-507
**Stuart Franklin/Magnum Photos/Contrasto:** Seite 522
**John Frumm/Hemispheres Images:** Seiten 86, 410-411
**Marc Garanger/Corbis/Contrasto:** Seiten 446, 447
**Bertrand Gardel/Hemispheres Images:** Seiten 376, 452, 453, 483, 565, 626
**Ron Garnett:** Seiten 117, 195, 244, 245, 250, 377, 532
**Alfio Garozzo/Archivio White Star:** Seiten 396-397
**Lowell Georgia/Corbis/Contrasto:** Seite 141
**Gil Giuglio/Hemispheres Images:** Seite 612
**Manfred Gottschalk/Lonely Planet Images:** Seite 358
**Annie Griffiths Belt/Corbis/Contrasto:** Seiten 270, 428, 429
**Itamar Grinberg/Archivio White Star:** Seiten 180, 426, 427, 510, 605
**Christopher Groenhout/Lonely Planet Images:** Seite 435
**David Hannah/ Lonely Planet Images:** Seite 525
**Lynda Harper/ HedgehogHouse:** Seite 273 links
**Hannu Hautala:** Seiten 280, 281, 282, 283, 332, 333
**Jason Hawkes:** Seiten 286, 287, 364, 465, 472, 473, 475, 498, 514 links, 514 rechts
**Jason Hawkes/Corbis/Contrasto:** Seite 576
**Heuer/Laif/Contrasto:** Seite 213
**Manfred Horvath/ Anzenberger/Contrasto:** Seite 486
**Hans-Peter Huber/Sime/Sie:** Seite 564

# Bildnachweis

**Hervé Hughes/Hemispheres Images:** Seiten 464, 534, 535
**Image 2D:** Seite 212
**ImagineChina/Contrasto:** Seiten 432, 610
**Peter Johnson/Corbis/Contrasto:** Seiten 421, 422-423
**Ed Kashi/Corbis/Contrasto:** Seite 346
**Frank Krahmer:** Seite 205 rechts
**Kirchner/Laif/Contrasto:** Seiten 480, 481
**Bob Krist/Corbis/Contrasto:** Seiten 118, 194
**Dan Lamont/Corbis/Contrasto:** Seite 308
**Robert Landau/Corbis/Contrasto:** Seite 542
**David Lawrence/Corbis/Contrasto:** Seiten 524, 529
**P. Lavoretti/Panda Photo:** Seiten 292, 367
**Lester Lefkowitz/Corbis/Contrasto:** Seite 545
**Charles & Josette Lenars/Corbis/Contrasto:** Seite 618
**George D.Lepp/Corbis/Contrasto:** Seite 260
**Marcello Libra/Archivio White Star:** Seiten 176, 354, 484
**Liu Liqun/Corbis/Contrasto:** Seite 611
**Yang Liu/Corbis/Contrasto:** Seite 521
**Ian Lockwood/Naturel Picture Library:** Seite 302
**Marka Collection:** Seite 214
**Steve McCurry/Magnum Photos/Contrasto:** Seite 613
**Colin Monteath/Hedgehog House:** Seiten 235, 240, 271
**Kevin R. Morris/Corbis/Contrasto:** Seite 533
**Juan Carlos Munoz/Agefotostock/Contrasto:** Seiten 394-395
**Charles O'Rear/Corbis/Contrasto:** Seiten 177, 198, 365
**Panorama Stock:** Seiten 184-185, 300, 301, 362, 363, 430, 431, 516, 517 links, 517 rechts, 518
**Daniel Philippe:** Seiten 501, 502, 503 links, 503 rechts
**Premium/Agefotostock/Marka:** Seite 482
**Raach/Laif/Contrasto:** Seite 561
**José Fuste Raga/Agefotostock/Marka:** Seite 515
**Federico Raiser/K3 Photo:** Seiten 290-291
**Luciano Ramires/Archivio White Star:** Seiten 580, 581
**Steve Raymer/Corbis/Contrasto:** Seiten 500 links, 500 rechts
**Roberto Rinaldi/Sime/Sie:** Seite 108
**René Robert:** Seiten 222-223
**Tim Rock/Lonely Planet Images:** Seite 109
**Bill Ross/Corbis/Contrasto:** Seite 257
**Guido Alberto Rossi/The Image Bank:** Seiten 28-29, 52 links, 52 rechts, 53, 54, 55, 60 links, 60 rechts, 61, 62, 63, 158, 159, 224, 225, 338, 339, 640
**Galen Rowell/Corbis/Contrasto:** Seiten 237, 261, 262, 263, 265, 266, 267, 268, 269
**Royalty-Free/Corbis/Contrasto:** Seiten 88, 136, 236, 462 links, 543
**Dae Sasitorn/lastrefuge.co.uk:** Seiten 46, 47, 48, 49, 50, 51, 154, 155, 336, 337, 577
**Doug Scott/Agefotostock/Contrasto:** Seite 299
**Kevin Schafer/Corbis/Contrasto:** Seiten 143, 630 rechts
**Giovanni Simeone/Sime/Sie:** Seiten 72, 73, 126
**Douglas Slone/Corbis/Contrasto:** Seite 541
**Dick & Pip Smith/Hedgehog House:** Seiten 238-239
**Joseph Sohm/ChromoSohm Inc./Corbis/Contrasto:** Seiten 247, 248, 249
**G. Stahlbauer/Blickwinkel:** Seite 156
**Hans Strand:** Seite 331
**Ted Streshinsky/Corbis/Contrasto:** Seite 199
**Oliver Strewe/Lonely Planet Images:** Seite 160
**Studio Murai:** Seite 523 links
**Keren Su/China Span:** Seite 433
**Jim Sugar/Corbis/Contrasto:** Seite 254
**Torleif Svensson/Corbis/Contrasto:** Seite 359
**Pascal Tournaire:** Seite 243
**Sandro Vannini/Corbis/Contrasto:** Seite 215
**Bill Varie/Corbis/Contrasto:** Seite 246
**Giulio Veggi/Archivio White Star:** Seiten 145 links, 163, 166, 167, 424-425, 508, 509
**David Wall:** Seite 528
**U.Walz/Blickwinkel:** Seite 393
**Patrick Ward/Corbis/Contrasto:** Seite 474
**Jim Wark:** Seiten 2-3, 114, 115, 116, 119, 120, 121, 122, 123, 124, 125, 179, 192, 193, 196, 252, 253, 256, 258-259, 278, 309, 312, 324, 379, 380, 381, 440, 441, 448, 449, 555, 620, 621
**Adrian Warren/lastrefuge.co.uk:** Seiten 58, 161, 316-317, 390, 391, 392, 406, 407
**Martin Wendler/Nhpa:** Seiten 318, 319
**Phil M Weymouth/Lonely Planet Images:** Seite 519
**Ralph White/Corbis/Contrasto:** Seiten 138, 139
**Pawell Wysocki/Hemispheres Images:** Seiten 87, 128, 129,
**Adam Woolfitt/Corbis/Contrasto:** Seite 89
**Michael S. Yamashita/Corbis/Contrasto:** Seite 520
**Zamurt Art/Gamma/Contrasto:** Seite 347
**Jim Zuckerman/Corbis/Contrasto:** Seite 487
**Umschlag:** Marcello Bertinetti/Archivio White Star
**Umschlag Rückseite:** Yann Arthus-Bertrand/Corbis/Contrasto

640

Das Bassin d'Arcachon, südwestlich von Bordeaux in Frankreich.

FLYING HIGH